生态环境损害救济的程序建构

顾尧 著

黑龙江科学技术出版社
HEILONGJIANG SCIENCE AND TECHNOLOGY PRESS

图书在版编目（CIP）数据

生态环境损害救济的程序建构 / 顾尧著 . -- 哈尔滨：
黑龙江科学技术出版社 , 2023.5
ISBN 978-7-5719-1918-4

Ⅰ . ①生… Ⅱ . ①顾… Ⅲ . ①生态环境 – 环境污染 –
赔偿 – 研究 – 中国 Ⅳ . ① D922.683.4

中国国家版本馆 CIP 数据核字 (2023) 第 086195 号

生态环境损害救济的程序建构
SHENGTAI HUANJING SUNHAI JIUJI DE CHENGXU JIANGOU

顾尧　著

责任编辑　王化丽
出　　版　黑龙江科学技术出版社
　　　　　　地址：哈尔滨市南岗区公安街 70-2 号　邮编：150007
　　　　　　电话：(0451)53642106　传真：(0451)53642143
　　　　　　网址：www.lkcbs.cn
发　　行　全国新华书店
印　　刷　哈尔滨午阳印刷有限公司
开　　本　787 mm × 1092 mm　1/16
印　　张　9.25
字　　数　250 千字
版　　次　2023 年 5 月第 1 版
印　　次　2023 年 5 月第 1 次印刷
书　　号　ISBN 978-7-5719-1918-4
定　　价　48.00 元

作者简介

顾尧，男，1977年出生。哈尔滨开放大学政法教研室主任、副教授，主讲课程包括证据学、商法、经济法学等。本科毕业于黑龙江大学经济法专业，硕士研究生毕业于东北林业大学环境与资源保护法学专业。

黑龙江省人民政府法律专家、黑龙江省法心理学专业委员会主任、哈尔滨市政治协商会议理事、黑龙江天乐平律师事务所兼职律师、"龙江讲坛"主讲人、初级社会工作师、中华志愿者协会黑龙江省代表处常务理事、ESB认证教师（双创教学）。

作者以法的经济分析为一般性思维工具，在充分的司法实践经验基础上，对民事诉讼证据制度理论与实务进行了深入和广泛的研究，侧重对证明责任分配原则涵摄和构造思维的持续观察。对于法的实践理性之一——法心理学体系的建构进路完成了初步展开，在表现为多元化价值判断动态均衡的社会行为中锚定收益最大化的底层逻辑和行动策略。

作者与他人合著《公平交易执法研究》《监狱法学》（教材），在各级各类期刊杂志发表学术论文数十篇，主持或参与国家级、省部级课题多项，主持完成的《证据学诠析》单机版多媒体课件获"东方燕园杯"全国多媒体课件三等奖，主持完成的《证据学》网络课程被评为2015年度国家开放大学精品课程。2012年黑龙江省第三届社会科学学术年会优秀论文一等奖、国家开放大学第二届文法类教师论文评选一等奖、2015年全国微课（程）一等奖、2017年黑龙江省高等教育学会第二十二次优秀高等教育研究成果一等奖、2018年黑龙江省第六届社会科学学术年会优秀成果一等奖、2018年第八届"视友杯"中国高校电视奖二等奖、2020年黑龙江省第七届社会科学学术年会优秀论文一等奖、2021年大学生创新创业省级金奖铜奖各一项，国家级铜奖一项。

荣获2003、2004年度哈尔滨优秀律师称号，2008、2010、2011、2013年度哈尔滨市优秀教师，2011年度哈尔滨市杰出青年岗位能手，2014、2016年度哈尔滨市"强师德、树医风、塑形象"活动先进个人，2015年哈尔滨市"身边好老师标兵"，2016年哈尔滨市"身边好老师"，2016年残疾人教育优秀工作者，2017年"黄炎培职业教育奖"杰出教师，2017年"四有"教师，2018年国家开放大学优秀教师，2022年"国家开放大学优秀创业者"。

前　言（代序）

　　环境权作为人类的自得权利，其本质是习惯权利。从法律意义上讲，环境权是一种绝对权。以保护人权的角度考察，其具有私法性质，从保护生态环境及自然资源的角度考察，其具有公法性质。这一概念复杂化的内涵，是其从人权中类似人身权的权利属性，到独立于人身权和财产权存在的另一类并列权利，直至今天国际社会普遍认可的生态环境权的涵摄持续嬗变的根本原因。无论国外环境法理论和司法实践，还是国内的相关领域，都在紧跟这一发展变化，不断完善和创新理论建构与实务操作。但囿于国内外环境法制度的历史沿革，并没有持续足够的扬弃与自洽时间。风险社会中，特定区域的规模化损害频发，间杂着跨国跨地区的大规模私害、大规模公害、事故型大规模损害、活动累积型大规模损害等公共环境紧急事件出现周期越发短暂，促使人们反思和审视之后，总会形成的共同认识之一，就是生态环境保护理论与法律规制手段对于严重的生态环境损害行为，从风险预防、过程监测、控制减损、损害救济、恢复原状等环节，都可能力有不逮。除了持续更新的生态环境理论没有在"从理论到实践，再从实践回归理论"的反馈机制中得到充分的印证和检验以外，更重要的在于"只有事物的量变累积到一定的充分程度，才能大概得到质的差异变化，而在量变的延长线上则很难清晰地认知质变到来的准确时刻"这一模糊学的原旨，持续地更新就是一个不断量变的过程。只有在宏观上准确把握生态环境保护的价值核心和深刻内涵，才能在建构微观层面上的法律依据规范指引、生态资源国家所有权、生态环境公益诉讼、公私法协动救济机制、风险成本负担范式、生态环境损害修复的阈值、因果关系的盖然性标准、证明责任分配原则、环境保险责任制度等规范制度时，保证一定时期和程度上的契合度和允许反复验证的效用性。因为，任何一种微观建构都是对宏观理论的意识撷取，是对宏观理论部分或者全部的体现。

　　法律的制定和实施的本质摒弃应然层面与实然层面的巨大差异甚至规范的不适用，其实现依靠更广泛地运用经济分析的定量方法改善规范设置中的理想主义，以数学的理性修正演绎逻辑，避免使法的实施成为"社会实验"这一灾难性后果的始作俑者。法律作为社会制度的当代命题是如何促进经济发展，而环境问题的"负外部性"将自身与社会经济发展紧紧地联系在一起。当一个人从事一种影响旁观者福利，而对这种影响既不付酬又得不到报酬的活动时，就产生了外部性（externality），如果对旁观者的影响是不利的，就称为"负外部性"，如果这种影响是有利的，就称为"正外部性"。在外部性存在的场合下，交易双方的交易行为就不再是最有效率的行为，因为他们的交易行为导致了与其交易行为无关的第三人存在状况的变化，即社会成本的增加（负外部性）或者社会收益的增加（正外部性），此时，双方的边际成本不再等于边际收益，买卖双方的市场供给需求均衡也不再使社会总收益最大化。人类文明的进步历史充分证明了，对经济增长起决定性作用的是制度性因素，而不是技术性因素。"我们所列出的原因（创新、规模经济、教育、资本累积）并不是经济增长的原因：它们乃是增长的结果……除非现行的经济组织是有效率的，否则经济增长不会简单地发生。"生态环境救济法律制度自身的合理性是生态环境法治建设能够得以最终实现的前提和基础，确定基本要素的价值取向和本质属性，不但符合法学理论研究的发展趋势，对司法实践也具有选择上的必然性，使其能够真正发挥匹配其所标榜最大化完善法治体系的现实作用。

就我国生态环境保护的现状而言，2018年"生态文明入宪"，成为党中央统筹推进"五位一体"（物质文明、政治文明、精神文明、社会文明、生态文明协调发展）总体布局的重要举措，极大促进了我国生态环境保护法治建设的新高潮并且影响至今。这是对生态环境保护理论不断创新和司法实践日臻完善的立法回应，也是建构完整体系的最高层次法律依据。检察机关根据民事诉讼法和行政诉讼法提起公益诉讼的法理依据因此充分且必要，而且仔细研判最高人民法院关于公益诉讼的多个指导案例，可以认定其具有取证扎实、高效率和执行力强的特质。但与此相对的，权利供给侧的矛盾显现出来。现今社会，经过几十年经济高速发展、科学文化水平和思想意识素养的累积效应，公民对于生态环境保护的认识已经完成了量变的过程而上升到质变层次，生态环境保护理念业已成为社会日常的行为模式的指导精神。宪法在成文法国家的超然地位，不但是所有其他法律规范的赋权溯源，也是国家与社会发展的最高准则。但任何一个体系的有机运行不但需要有必要的构成要素，而且各个要素之间能够彼此融贯，不能互相冲突，这就需要在整合的视野里撷取符合唯一价值追求的不同组成部分，摒弃与价值取向不相吻合的部分。生态环境保护的社会控制手段建构原理强调的是相对均衡，是能够满足所处时代的法治精神、社会背景、秩序维护、公众需求、利益分配、生态影响多层次的评判标准，而不是形式上、数量上的绝对优势的简单叠加。有鉴于此，本书以生态环境损害属于风险社会中的大规模损害事件的定性为认知起点，通过对我国生态环境法治建设的历史进程、理论发展与创新、生态环境保护法律制度的建立发展、生态环境损害赔偿制度层次、生态环境公益诉讼程序以及相应的证明责任分配原则等不同角度，将我国生态环境损害救济制度的现状进行全景式的展示，并对其复杂成因以及背后的理念导向进行了详细分析，也是对我国生态环境保护法领域所取得的穰穰成果的总结。

遵循实证研究和经济分析的基本思路，实证研究是决定法学研究从定性到定量的关键性转变，一切应当以数据为依据，而不能仅仅依赖逻辑推理，在"超验"的抽象思维中建构生态环境保护应然状态，这是典型的"精英立法"。在大量收集国内外生态环境保护法学理论发展成果，包括宪法、法律法规、行政法规、部门规章、司法解释以及指导案例的法律规范内容、典型生态环境损害社会事件和判例变化所表述的社会意识发展脉络等数据的基础上，展示出宏观的生态环境保护制度的历史沿革和发展趋势。同时，运用经济分析法学的方法，将生态环境损害这一经济的负外部性问题放置在供给－需求模式下进行讨论，从而总结出人类社会行为规范的原动力和影响效果，以期得到关于未来发展方向的正确判断。在对上述问题进行解读和论证的同时，描绘出生态环境损害救济程序的大致轮廓以及未来的发展进路。

作　者

2023 年 2 月

目　录

第一章　从环境权保护到生态环境损害救济的嬗变

马克思曾经将权利区分为两类，一类是公民权利，是与其他人共同行使的政治权利，并因此涉及对社群（community）的参与；另一类是人权（the rights of man），是与其他人隔离开来行使的权利，并因此允许离开社群。在其更早期的论述中明确指出，人权无非是市民社会的成员的权利，即脱离了人的本质和共同体的利己主义的人的权利，任何一种所谓的人权都没有超出利己主义的人，没有超出市民社会的成员的人……德沃金认为，权利是立于一般福利（general welfare）之上的"个人握在手里的政治王牌"，除非适用《人权和基本自由欧洲公约》（简称《欧洲人权公约》）第15条，"1.战时或者遇到威胁国家生存的公共紧急时期，任何缔约国有权在紧急情况所严格要求的范围内采取有悖于其根据本公约所应当履行的义务的措施……2.除了因战争行为引起的死亡之外，不得因上述规定而削弱本公约第2条所规定的权利的保护……"以及第17条，"本公约不得解释为暗示任何国家、团体或者个人有权进行任何活动或者实施任何行动，旨在损害本公约所规定的任何权利与自由或者是在最大程度上限制本公约所规定的权利与自由"所设定的情形，否则，人权是不受干扰的，权利是先于法律产生的。康德认为人权是不能被限制的，因为"自由的个人是决定导引其自我实现的生活方式的最佳人选，为了做出自主的选择，人们行使其权利和由这些权利所保障的自由"。但这并不能解释多个权利共存并相互冲突的情境下（个人权利与他人权利、公共权益、代际权益同时存在），如何进行价值选择的问题。费因伯格坚持权利不应当被限制，因为不存在高于绝对权利的更高价值的权利。菲尼斯在归纳自然法概念中，提出基于对目的的追求而应当对部分权利进行限制。密尔认为，公民应当享有尽可能多的自由权利，但权利的行使不能危害他人（社会）。罗尔斯则主张，为了社会公益，个人权利需要进行限制（压倒）。上述观点对人的权利行使的不同认知结论，也是对环境权这一特殊概念所引发争议的理论背书，这可能是从最初的将环境权纳入人权外延扩张范围中的理念，演变成为当代很多国家将其视为"生态环境保护国家义务"的理论迭代与升华的一个重要原因。

第一节 围绕着《欧洲人权公约》的扩张性解释

巴里·康芒纳在其名著作《封闭的循环——自然、人和技术》中对环境进行了最简洁的定义："Environment is a house for the living-things on the earch."（笔者试译为"环境为地球生物之庇护"）。

环境权一般是指，每一个公民都有在良好环境下生活的权利，这种权利应当受到法律保护。这个概念是由一位原德意志联邦共和国（原西德）的医生于1960年首次提出的。他认为诸多北海沿岸国家向北海倾倒放射性废物的行为无法保障其享有"清洁卫生的环境"，遂向欧洲人权委员会提出控告，认为上述行为违反了1953年9月3日生效的《欧洲人权公约》中第一章第2条"任何人的生存权应当受到法律的保护……"。但从整个公约内容来看，并没有类似"保障清洁卫生的环境"这样的权利界定和条款表述。而且该公约第一章第13条"在依照本公约规定所享有的权利和自由受到侵犯时，任何人有权向有关国家机构请求有效的救济……"，第一章第14条"应当保障人人享有本公约所列举的权利与自由……"等规定，实际上限缩了人权的保护范围，即不在《欧洲人权公约》列举之内的权利不属于其保障范围。我国国内直到现在还有学者坚持认为，《欧洲人权公约》存在这位原西德医生向欧洲人权委员会所主张"保障清洁卫生的环境"权利条款，这是对公约原始条文内容的误解。正因为这位原西德医生提出的权利内容并非公约所列举的权利，但当时西方发达国家工业生产和科技水平的迅猛发展，又产生经济发展与环境破坏之间负相关性关系的认知和环境保护与人类生存之间正相关性关系的思考，人们已经意识到环境问题与人的生存权有着密不可分的联系。所以，虽然公约当时无法对上述诉求进行程序回应，但确实在整个欧洲引发了一场"是否将环境权追加入欧洲人权清单"的社会大讨论，这标志着环境权这个概念正式出现在法学以及社会学语义中，其内涵与外延随着人类社会的不断发展进步呈现出不同的形态。1967年，"Torrey Canyon"号油轮原油泄漏事故进一步刺激了欧洲人，人们对"风险社会"中的环境风险形成了共同的认识，对环境权的理解也进一步加深。70年代初，国际法学者雷诺·卡辛向海牙研究院提交报告，提出要将现有的人权原则加以扩展，包括健康和优雅的环境在内，人类有免受污染和在清洁的空气和水中生存的相应权利。

无独有偶，1962年，美国作家蕾切尔·卡逊在其科普作品《寂静的春天》中通过"鸟儿寂静无声"的隐喻，揭示了曾获得诺贝尔奖的化学品DDT合成剧毒杀虫剂在农业生产中的滥用导致环境污染、生态破坏，给人类社会带来了不能负担的沉重灾难，用生态学原理解析了使用化学品提高农产品产量，不但是对人类的自我戕害，也对与人类休戚与共的生态系统造成了不可挽回的损害。虽然，直到现在仍然有学者和环境保护主义者对书中列举的证据和得出的结论纷纷提出质疑，甚至今天的科学技术也无法确定DDT是否能够诱发基因突变导致癌症发病，但这并不影响这本书被认为是环境保护主义的奠基石，其对美国国内乃至欧洲所产生的环境保护思想启蒙作用是深远的、巨大的。其立竿见影的效果就是，仅仅在该书出版后的三个月内，就有40多个提案在美国各州通过立法以限制杀虫剂的使用；曾获得诺贝尔奖金的DDT和其他几种剧毒杀虫剂也被从生产与使用的名单中清除。该书同时引发了公众对环境问题的关注，在20世纪60年代末掀起了一场以"公民要求保护环境权，要求在良好的环境中生活的权利的法律依据是什么"为主题的社会大讨论，人们纷纷认识到并要求享有在良好环境中生活的权利。各种环境保护组织纷纷成立，从而促使联合国于 1972 年 6 月 12 日在斯德哥尔摩召开了"人类环境大会"，并由各国签署了《人类环境宣言》，开始了世界范围的环境保护事业。

而作为一种理论，环境权则是由美国密歇根大学的约瑟夫·萨克斯教授于 1969 年首先提出的。他力求制定专门的环境保护法，其任务在于建立全新的权利体系。1970 年，约瑟夫·萨克斯教授在其发表的论文《为环境辩护》中指出，"专门的环境立法有三项任务，第一，承认对于良好环境的公民权利是一项可强制执行的合法权利；第二，使这项权利通过公民个人以公众身份起诉而成为可强制执行的；第三，为关于环境质量的普通法的发展设立框架。"他以环境的"共有"和"公共信托理论"为依据，论述了空气、阳光、水等人类生活所必需的环境要素在当今受到严重污染和破坏，以致威胁到人类的正常生活。在此情势中，不应当将环境视为"自有财产"，而应当成为所有权的客体。环境资源就其自然属性和对人类社会的重要性而言，应当是人类全体，当代和后代的"共享资源"，任何人不能任意对其占有、支配和损害。为了合理支配和保护这一"共享资源"，共有人（全体国民）作为委托人将其委托给国家来管理，国家作为受托人，必须对共有人负责，不得滥用委托权。从理论发展历程看，这意味着正式对公民享有环境权的理论进行初创。同年美国公布的《国家环境政策法》和日本《东京都防止公害条例》都明确规定了环境权。1970 年 3 月，国际社会科学评议会在日本东京召开了由 13 个国家参加的"公害问题国际座谈会"，会后发表的《东京宣言》明确指出："我们请求，把每个人享有其健康和福利等要素不受侵害的环境权利和当代人传给后代的遗产应是一种富有自然美的自然资源的权利，作为一种基本人权，在法律体系中确定下来。"这是国际社会正式将环境权纳入到法律调整范围的首次宣告。1972 年联合国在瑞典首都斯德哥尔摩召开的"人类环境会议"上通过的《人类环境宣言》第一条："人人有在尊严和幸福的优良环境里享受自由、平等和适当生活条件的基本权利，并且负有保证和改善这一代和世世代代环境的庄严责任。"据此，代内公平和代际公平的概念正式确立。现在，有的国家已将环境权作为公民享有的一种基本权利写入了宪法，但更多的国家是将其作为一种基本国策规定在本国宪法当中。

需要说明的是，《欧洲人权公约》并未明确列举环境权作为其承诺保护的对象，而因为生态环境与人类社会存在着某种共生关系，因而被普遍接受成为一种社会惯常思维习惯。英国学者 R.R. 丘吉尔曾经做过专门的调查研究，发现包含"公民的和政治的"环境权的条约大致有：《人权和基本自由欧洲公约》（1950 年）、《经济、社会及文化权利国际公约》（1966 年）、《美洲人权公约》（1969 年）、《非洲人权和人民权利宪章》（1981 年）。这些人权公约中的环境权包括了生命权（引申为国家应该采取积极的措施减少环境问题给生命带来的风险）、任何人的住宅和财产不受干涉的权利（引申为避免环境噪声和其他相邻妨碍）、接受公正审判的权利（引申为有反对国家的损害环境的计划的诉讼权利）以及信息自由（引申为有获得环境方面的信息的权利）。从他自己对统计结果的说明和结论中也可以清晰看到，其对《欧洲人权公约》也是一种扩张性解读，以环境权作为人的自得权利为思维前提，将生存权（人权）的内涵进行主观干预，得出"环境权属于人权内涵是天然的、不言自明的"这一结论。其不能也不会承认公约的权利清单中包含了环境权这个权利类别，否则也不需要对环境权是否应当列入欧洲人权公约权利清单进行整个欧洲范围内的大讨论了。在这个时期，通行观点还是将环境权看作是人权的组成部分，是对生存权原则的实践演绎结果。比如，1970 年 9 月，在日本新潟市召开的日本律师联合会第十三次拥护人权会议上，大阪律师仁藤一和池尾隆良所作的《公害对策基本法的争议点》报告认为，"支配环境的权利应属于居民共同拥有，谁都可以自由且平等地加以利用，环境权是以《宪法》第 25 条中生存权的规定为根据的基本人权之一，应把它作为人格权的一种而加以把握。"

第二节 生态环境权的证成与法学语义中的生态环境

　　人权是法治国家最基本的行为逻辑。关于人权理论，迄今已经迭代发展到第三个层次。第一代（层次）人权属于消极意义的人权，有着自然主义价值观，强调维护个人权益，排除国家强制干预，包括生命健康、平等自由等；第二代（层次）人权属于积极意义的人权，有着功利主义价值追求，要求国家政府主动干预社会活动，获取更多的个人权益，包括社会优抚、所有权保护等；第三代（层次）人权也是共同关系的人权，是人类社会共同发展的集体权利，描述的是个人与人类共同体的本质关系，包括和平发展、生态环境等。通过人权法治化践行"和谐关系"，是政治正当性的最高体现。

　　保持环境和可持续发展思想是在对传统工业化道路深刻反思和清算的基础上形成的，虽然这一思想从20世纪60年代萌芽到全球普及，不过短短三四十年时间，但这一思想已经深深影响了人类社会行为的方方面面。尤其是20世纪后期，一些国家出现了以"绿党"（1971年9月15日，一位加拿大工程师发起成立"绿色和平组织"，于1979年在荷兰阿姆斯特丹登记成立，已经发展成为著名的非政府国际环境组织）为代表，以环境保护为纲领的政党和组织。其不断发展壮大的情形也说明可持续发展理念上升为一种政治信仰和党派目标，同时，保护环境和生态安全，争取可持续发展成为最具全球性话题，以可持续发展为主题的国际会议、以保护共同家园——地球为目标的国际协议、多个国家之间磋商一致行动，在频次、数量上远远超过了其他领域。在环境问题越来越普遍、广泛、深入地渗入社会生活的各个方面，环保已成为政治、经济、宗教、伦理、教育等各领域普遍分享并常常争论的常规性议题的现代社会，环境权逐渐由具体的个人享有的权利被抽象成整个社会共享的，相互之间影响并制约的共同权利。仅就个案而言，会对具体的被侵害者产生最直接的影响，但这种影响结果又不同于以往的侵权损害后果，因为很多场合下不可计量并且损害后果很可能持续一段不能准确判断截止日期的时间。以往那种侵犯人格权的侵权人被要求承担实际损害（身体戕害、医治费用）、消除影响、恢复原状乃至精神损害抚慰金（一般而言，各国都根据本国不同地区经济社会发展水平规定一个具体的分类分级数额由法院掌握，比如，美国某些法院按照侵权人的财产负担能力酌定一个比例，我国很多地区将损害后果分为十级，每级 5000～10000 元不等）。但这些救济措施往往带有较强烈的主观判断，与个体的承受能力有着直接的判定关系，换句话说，可能会因为受害人的应激表现不同，而增减最终能够得到的损害赔偿数额。这也是人格权保护在司法实践中的特质之一。但环境损害赔偿因为包含了更抽象的内容，具体赔偿数额具有不确定性，如果在判决中广泛承认个体差异，按照受害人个体主观感受确定赔偿范围的话，会让本来就较为模糊的救济手段具有更大的不确定性，不利于审判监督和法律预判，对法治稳定而言是有害的。

　　超越环境私益认知而转向社会公众一般认知标准的著名案例（也是日本承认景观公益可以作为私益被侵权法所救济的肇始）是 2006 年东京国立公寓诉讼的最高法院判决。日本东京 JR 国立站南出口有一条"大学路"，被评为"新东京百景"。该道路两侧想要开发高层公寓楼，当地居民认为高层建筑侵害了其景观利益，要求对该高层建筑进行部分拆除并赔偿损失。本案焦点在于，周边居民对于景观是否享有权利或者利益。一审东京地方法院认为构成侵权，理由是"尽管法律没有直接认可所谓抽象的环境权和景观权，但是，在该特定区域内，各个土地权利人长期自我规制土地的利用，因此在一定的期间内，保持了某种人工景观，并且得到了社会观念的良好认可。这种情况下，土地权利人的土地上产生了附加价值。应当认为，作为土地所有权的派生，土地权利人自身负有维持所形成景观的义务和要求彼此维持景观的利益。此种景观利益受法律保护，侵害景观利益的行为在一定情况下构成侵权行为"。但是，二审东京高等法院否定了一审法院关于景观利益的构想，认为景观是行政措施保护的对象。另外，所谓景观本身不确定，景观固然是客观存在的，但景观观赏的角度不同，观感也不同，每个人对景观的评价也不一致。在 2006 年 3 月 30 日最终判决中，日本最高法院首先对景观的价值进行了认定，即"城市景观作为良好的风景，形成了人类历史和文化环境，并构成了丰富的生活环境，因而其具有客观的价值"，强调了景观利益的客观性。在此基础上，进一步认为"在良好的景观附近居住并在日常生活中受惠的居民，与良好景观的客观价值遭受侵害具有利害关系，因而这些人所拥有的享有良好的景观利益是值得法律保护的利益"。值得注意的是，日本最高法院的判决认为，景观利益的存在不以土地所有权为媒介，将景观利益作为一种人格权上的利益进行理解，从而认定其个别利益。也就是说，一审法院将景观利益建构在财产所有权（土地）的衍生权利，而最高法院则将其剥离出来，赋予其人格权的性质，但这种人格权不同于以往人格权那种完全的私权属性，而是一种新型的"公私复合权益"。这是因为，属于环境利益的一部分很容易被归属到公共利益的范畴，所以，最高法院继续论述，"……景观利益的内容随着景观的性质、样态而不同，所以在目前，尚不应承认超越景观利益的景观权。"据此，因为环境权既不同于传统意义上的人格权，也不同于作为绝对权的所有权，很多学者以及司法判例更倾向于将其认定为与人格权、财产权相并列的一种独立权利。从人类社会共同体所信仰并坚持的和谐关系来看，人权的内涵建构既有法律权利，也有道德评判，这种双重属性体现在司法实践中，则表现为"人们发自内心地尊崇善法"，而"善法"这个概念本身很明显地蕴涵了道德评价。生态环境权法治化的体现，其实质就是人权思想发展阶段的又一个新高度。

法学语境中的生态环境并没有在更为广泛的国家之间得到统一的立法理念上的认同。现在很多人都认为德国比法国更加重视生态环境，即使存在诸如德国依然大规模使用煤炭发电或者更喜欢大排量汽车等反面例证，但关心自然和环境已经成为德国人的传统思维习惯。"生态"一词源于古希腊，原意是指一切生物的状态，以及不同生物个体之间、生物与环境之间的关系。"生态学"这个概念是德国医生、哲学家艾伦斯特·赫克尔在 1866 年创造出来的，他也是德国传播达尔文物种进化论第一人，"认为它是研究动物与植物之间、动植物及环境之间相互影响的一门学科。"19 世纪初，德国浪漫主义文学和艺术运动中对自然的热爱占据了中心位置。而真正使德国社会对自然产生浓厚兴趣的则是源自 1895 年有组织地去自然环境中郊游，感受森林的气息。罗马恺撒大帝在《高卢战记》中描述，"日耳曼人身材高大魁梧，作战勇猛，更为要命的是日耳曼人一旦打不过了就会逃到森林里，再也找不到了……"公元 9 年 9 月，易北河流域的众多日耳曼部落在阿尔米纽斯率领下全胜罗马巡查部队的"条顿堡森林战役"中，日耳曼部落也是利用了广袤森林的地理优势歼灭了 3 个罗马军团，这一历史事件也将森林这个具有自然环境标志之一的形象深深地烙印在德国的历史传统文化中。德国的人口分布与法国、英国不同，秉承着去中央集权化理念，其人口均匀地分布在全国的各个地区，但这势必造成占据更多的生态资源以容纳人类活动。人口密度的不断增长必然对生态环境造成破坏。所以，更有可能深切体会到人类活动与自然环境之间的生态互动构成了一个完整的生态系统，因而在描述"环境权"这个法律用语时，都不言自明地涵摄整个权利行使范围内的生态系统。需要注意的是，原全国人大常委、中国科学院地理研究所所长黄秉维院士在提出"生态环境"一词后，查阅了大量 20 世纪 80 年代以前的国外文献，发现国外学术界很少使用这一名词。但事实上，从生态环境损害赔偿的学说和立法、司法实践中，都可以清晰地解读在国外的环境法语境中，环境与生态环境并无实质性差别。

但人口分布不均匀的法国却首先提出了"生态损害"的概念。1968 年，法国学者德斯帕克斯在其著作中创造性地使用了这个概念，德国法关于生态损害责任的讨论始于 1980 年鲁梅特和提姆对法国生态环境损害和集体诉讼的介绍。1986 年，第 56 届德国法学家大会对生态损害做了法政策学讨论。日本法对于纯生态环境损害也局限于对法国法的比较研究。20 世纪 60 年代起，为了应对伴随着工业发展而不断出现的公害事件，日本法的环境责任也自发形成了不涉及私益的生态环境损害理论。从侵权行为的法学理论出发，可以解读出，生态环境应当是独立于因环境损害而被侵害的人身权益和财产权益之外，是一种纯粹的自然环境自身无法得到恢复或者暂时无法得到恢复的不利的生态变化。这一新的观点，从概念上区分了环境损害（涉及人的）和生态损害（不涉及人的）之间的差异，从原则上辨别了环境私益和环境公益的不同权利场合。但司法实践中，环境损害与生态环境损害，即环境侵害行为同时造成了权利人的人身损害和财产损害并且行为后果也造成了生态环境被破坏而发生不利形变，往往处于同一个侵权事件中，这给本来就对环境侵权救济手段归属于公法还是私法尚且存在较大争议的环境程序理论界增加了更多矛盾焦点。

法国目前正在审议《民法典》侵权责任条款的修改法案，尝试以民法典的生态化实现对生态或环境本身损害的救济。其实，这是法国为实施欧盟2004年环境责任指令而建立的集预防与救济环境损害为一体的法律框架中的一种适应性立法。尚未有一个欧盟成员国单纯通过修改传统的侵权责任法，或仅依靠制定针对环境损害的修复赔偿责任的立法，就得以实现对这类新型损害的有效事先预防和充足事后救济。但因为生态损害问题的复杂化，即使环境保护起步较早的西方发达国家也有着截然不同的救济原理和救济程序。后文将以发达国家中环境保护理论与司法实践较为成熟的代表性国家如德国、日本和美国等对生态损害救济的具体情况分别阐述。

第三节 国际环境法的发展历程

国际环境法的发展历程是一个主体范围不断扩大与客体最终定位为生态环境的演进，考察其主体的变化，由最初的国家与国家之间共同参与探讨环境法的跨区域协作，到不断吸纳更多的非政府国际组织和环境保护民间组织乃至自然人，共同参与多元化、开放性的环境保护体系建构。考察其客体的变化，以人类为中心的理念逐渐被以生态环境为中心的思想所替代，客体范围不断扩大，从水、土壤、植被、空气到外层空间，甚至及于微生物和基因工程。人类视野中的生态环境保护作为环境保护终极目标已经达成普遍的共识。从发达国家到发展中国家，从当代环境保护到代际持续发展，从治理环境问题到风险预防机制，无不是在生态环境保护的内容和承担的义务方面呈现出理念不断修正和创新的良好局面。现行国际环境法体系的建立大概分为三个阶段。

一、思想萌芽阶段

最早追溯到 20 世纪初期，出于环境利用与环境收益的现实考虑，很多国家为了追求经济目标而对公共领域的环境资源进行了初步分配，由此形成了有关利用环境资源的国际公约与条约。诸如就莱茵河与其他欧洲国际河流水资源利用航道以及渔业权的条约和协定，还包括《保护农业益鸟公约》（1902 年）、《保护海豹公约》（1911 年）、《日内瓦捕鲸管制公约》（1931 年）、《保护自然环境中动植物公约》（1933 年）、《美洲国家动植物和自然美景保护公约》（1940 年）。

稍晚一些时间，人们从最初的对环境资源的分配和经济利用目的，开始意识到环境污染对经济发展的不利影响以及对人类生存环境的现实危害，肇始于北美地区的环境保护规范出台，如美国与加拿大签订的《边界水域条约》（1909 年）、《莱茵河防污国际委员会的协定》（1950 年）、关于国际河流使用的《赫尔辛基规则》（1966 年），以及防治海洋污染的国际法规范，比如《国际干预公海油污事故公约》（1969 年）等，还有针对保护各类环境自然要素的国际法规范。

在这一阶段，人们以经济收益为导向分配共同区域内的自然资源，继而发现环境利益可以准确划分，但由此出现的环境污染不但无法限制在已经固定的划分区域，反而需要由共同区域内的所有国家共同承担。根据"领域使用管理责任"原则，国际法中国家除条约特别禁止，其领土范围内任何目的的利用得由国家自由决定，但不得因其行使的自由而侵害他国的权利。也正因为国际法的严格限制，国家与国家之间并不能清晰地认识到生态环境是一个整体问题，需要国际间的协作才能解决，进而导致越来越严重的环境污染事件频繁出现。

在环境保护方式上，初期偏重于"末端治理""分散治理"和"事后救济"，即通过对已经发生的生态环境污染损害结果施加救济手段以抑制环境污染和损害行为的负外部性（当一个人从事一种影响旁观者福利，而对这种影响既不付酬又得不到报酬的活动时，就产生了外部性，如果对旁观者的影响是不利的，就称为"负外部性"，如果这种影响是有利的，就称为"正外部性"，环境污染通常被定性为经济发展的负外部性问题），以最大限度地恢复到接近该生态环境污染损害结果发生前的客观状态。正如张孝德教授所言："20 世纪 70 年代以来，西方发达国家对环境的治理方式多是'头痛医头、脚痛医脚'，没有触及环境保护问题的根本。"从全球范围来看，这种情况自美国 1969 年出台《国家环境政策法》规定了环境影响评价制度以后，才逐渐有所改观。

二、全面发展阶段

从 1972 年斯德哥尔摩宣言（《人类环境宣言》）到 1992 年里约宣言历经 20 年，在这期间，出台了超过 100 部的全球性或者区域性的双边、多边环境保护条约。除了传统的国家主体之外，还有越来越多的非政府组织以独立名义参与到国际环境保护的行动中。比如当时在国际环境保护领域影响力巨大的《世界自然宪章》就是由当时世界上规模最大的环境保护非政府组织——国际自然保护同盟（简称"IUCN"）发起，之后还在联合国大会上顺利通过。1986 年《关于承认非政府组织的法律人格公约》的生效，意味着欧洲国家首先承认了非政府组织参与国际事务执行、管理、报告和监督的合法地位。同时，自然人成为国际环境法主体的限制逐步放开，自然人可以依照相关公约享有国际环境法的权利并承担相应义务，甚至被追究法律责任。比如 1994 年《北美环境合作协定》第 14 条规定了自然人申诉制度，1982 年《海洋法公约》明确赋予自然人以诉讼主体地位，这意味着，在其管辖范围内的案件审理程序中，自然人享有了与主权国家和国际组织同等的诉讼主体地位。

环境法与环境条约公约的涵摄呈现扩张态势，作为世界环境保护运动的第一个里程碑事件，1972 年斯德哥尔摩联合国人类环境会议以法律文件的形式通过《人类环境宣言》，其中对环境进行了间接定义，"环境满足人类物质上之需求，并提供其在智力道德社会与精神等方面获得发展的机会……"同时列举了空气、水、土地、植物与动物（也提及它们的栖息地）等自然资源种类，归纳提出"人类环境"的概念，作为国际社会环境保护工作的概括性的保护对象。之后又将涵摄范围多次进行扩大，规范调整文化和自然遗产、濒危野生动植物、技术滥用损害环境等领域，出台了《保护世界文化和自然遗产公约》（1973 年）、《濒危野生动植物物种国际贸易公约》（1973 年）、《禁止为军事或其他任何目的使用环境致变技术公约》（1976年）。也就在这一阶段，人们开始认识到人类活动对于生态环境的直接和间接影响，进而有意识地对人类社会生产生活的行为进行规范，尤其是限制甚至禁止向自然界排放各种有毒有害物质，并且开始重视自然资源循环利用和创造新能源的问题，陆续出台了《控制危险废物越境转移及处置巴塞尔公约》（1989年）、《保护臭氧层维也纳公约》（1985年）、《蒙特利尔议定书》（1987年）以及《生物多样性公约》（1992年）。

对于环境保护的机制和运行的手段也有制度上的突破并且沿用至今。比如，几乎所有的国际环境条约中都推崇的"报告机制"，该机制要求缔约国以承担义务的方式定期向组织提交报告来保证其履行条约的义务。非政府组织代表亦能够通过参与开放论坛提交相应的国际报告。1987年《蒙特利尔议定书》通过建立具有强制执行效力的秘书处，将普遍的监督落实到了条约实施的遵守机制中。基于对风险社会的现代特征的认识，风险预防原则从之前的"采取预防措施"发展出完整的环境影响评价程序。1982年的《联合国海洋法公约》第一次在国际上确立了环境影响评价程序，这一里程碑式的规定，直接影响了之后《关于环境保护的南极条约议定书》（1991年）、《跨界环境影响评价的公约》（1991年）、《联合国气候变化框架公约》（1992年）、《生物多样性公约》（1992年），纷纷将其确定为法定程序。

三、体系形成阶段

以1992年联合国环境与发展会议在巴西的里约热内卢召开为标志，生态环境保护的国际法体系形成并影响至今。为了纪念1972年人类环境会议召开20周年，并为发展中国家和工业化国家在相互需要和共同利益的基础上奠定全球伙伴关系的基础，以确定人类共同体发展前景，1992年6月，在巴西里约热内卢召开了联合国环境与发展会议即里约会议，来自全球183个国家和地区的代表团和联合国及其下属机构等70个国际组织的代表参加会议。这是继1972年联合国人类环境会议之后举行的讨论世界环境与发展问题规模最大、级别最高的一次国际会议。这次会议通过并签署了《里约环境与发展宣言》《二十一世纪议程》《气候变化框架公约》《生物多样性公约》和《关于森林问题的原则声明》等 5 个体现可持续发展新思想、贯彻可持续发展战略的文件。会议所确立的未来生态环境保护的核心概念和基本原则，体现了从"1972 年斯德哥尔摩会议"的环境保护向"可持续发展时期"的环境保护的重大转变，贯穿于之后制定的各种国际环境法中。预示了可持续发展是发展中国家和发达国家都可以为之努力并可能实现的环境保护目标，具有划时代的意义。其中，最为突出的是确立了全球环境责任框架，就生态环境损害赔偿的问题达成了国际共识。因此，里约热内卢会议被公认为自 1972 年斯德哥尔摩会议以来，国际环境法发展暨世界环境保护运动的第二个里程碑。

在此之后，世界进入环境保护的"可持续发展"阶段，引起了各国国内社会变革。到 1997 年已经有 150 多个国家成立了国家可持续发展委员会或类似的机构。许多国家根据《里约环境与发展宣言》的"各国应制定有效的环境立法"的规定，用可持续发展的战略和思想指导环境法制建设，加强环境立法和执法。

《里约环境与发展宣言》之后的诸多国际环境法规范是对之前的一系列框架性条约的具体化。到 1995 年，有 60 多个国家的宪法确立了保护环境和自然资源的条款；许多发展中国家将环境权或环境资源保护权纳入宪法的基本权利和基本义务规范中；更多国家的宪法将"保护生态环境"视为国家或者政府职责；有的国家通过扩张人权范围将环境权吸纳进来。70 多个发展中国家制定了综合性的环境法律，50 多个发展中国家确立了不同程度的环境影响评价法律制度。在可持续发展战略推进过程中，一些新的制度出现在环境保护领域，如综合决策制度、环境影响评价制度、综合许可与许可证交易制度、污染物排放总量控制制度、清洁生产制度和新的环境税制度等。这一时期的国际公约也体现了对上述会议精神原则的落实，如《联合国防治沙漠化公约》（1994 年）是对水土流失后果的预防和规制，联合国粮农组织《促进公海渔船遵守国际养护和管理措施的协定》（1993 年）是对自然资源合理开发的行为细则，为了贯彻落实 1982 年《联合国海洋法公约》而配套的《联合国鱼类种群协定》（1995 年）也是基于上述目的，1997 年的联合国《气候变化框架公约》（《京都议定书》）对人类活动对空气的影响进行减排限制，等等。对公众共同参与环境保护问题也有了明确的规定，《里约宣言》的基本原则肯定了在生态环境保护活动中自然人获取信息并参与磋商和决策的权利。最终在《奥胡斯公约》（1998 年）得到明确的回应，其要求"在对于关于公约附件所列的活动及其他可能对环境产生重要影响的活动是否应当许可的决策中，都能并应当保证公众参与"。

2002 年 8 月，为纪念人类环境会议 30 周年和里约环境与发展大会 10 周年，在南非约翰内斯堡举行了联合国第一届可持续发展世界首脑会议（又称第二届地球首脑会议），有 104 位国家元首或政府首脑、5000 多个非政府组织、2000 多个媒体出席会议，会议通过了《约翰内斯堡可持续发展承诺》的政治宣言和《可持续发展实施计划》，形成了 220 多项"伙伴关系倡议"，突出强调了可持续发展三个维度，即经济增长、社会发展和环境保护相互促进和相互协调的重要性，进一步继承和发展了由里约会议掀起的全球环境保护和可持续发展热潮。2012 年 6 月，为让全世界都能够更加关注可持续发展道路的问题，联合国通过了可持续发展的具体行动方案。2015 年 9 月，联合国可持续发展峰会通过了《2030 年可持续发展议程》，提出了 17 项可持续发展目标和 169 个具体目标，这也是为《可持续发展实施计划》擘画未来的渐进步骤和实现目标，力求得到更多发达国家和发展中国家的积极回应，共建作为整体的生态环境。

生态环境损害赔偿救济思想也伴随着上述历史进程不断成熟和发展，虽然很多学者认为，任何国家组织个体，在生态环境损害救济领域都应当是环境责任的最终承担者（暗喻不论不同主体之间是否存在着先天的不平等），这是一个"伪命题"，但最起码从多个国际宣言的语义上，描述了"在全球、区域、跨国和国内法四个层面上全面建构环境责任的制度框架"，确立了从对有害环境行为的损害赔偿责任事后追究扩展到强调预防为主和风险预防的指导原则。这并非说明对生态环境损害赔偿制度重要性的忽视，而是将整个制度封闭成为可以提供一种共同范式的法学研究体系，这是生态环境保护立法、执法、司法以及法律监督的发展进路，必然要求创新一种不同于传统私法赔偿权与公法处罚权的裁判程序。对此，应当深刻认识到，当代的生态环境保护问题呈现的是跨地区跨国家的风险管理、污染控制与预防合作，针对大气、海洋、动植物甚至转基因产品等不可逆的生态环境损害，仅凭事后追责是不足以消除修复客观存在的损害结果，对于那些在累积因果关系作用下，长时间之后才能显露的环境危害，需要长效预防救济机制存在，甚至需要考虑代际预防和平衡的问题。生态环境损害的赔偿修复、对自然资源的可持续利用以及综合性的风险预防控制，对世界各国国内环境立法有着重要的启发和影响，立法理念中或多或少都体现出人类社会对生态环境保护所达成的理念上的共识，但随着发展中国家的积极参与，发达国家与发展中国家不同的经济形势、法律体系、社会形态、文化传统之间的冲突也陆续显现。应当因地制宜地围绕本国实际情况，以"和而不同"处事方式，积极构建符合最广泛社会利益的生态环境保护理论和法治体系，走出一条具有自己国家特色的发展道路。

第四节 国外环境立法概况

上述 20 世纪 60 年代的环境污染导致民众对政府施加更大的治理压力，并且能源资源的危机以及在国与国之间分配的矛盾，促使 1966 年联合国大会以"人类环境问题"为论题，就环境问题的发展及对环境污染的国际控制做了一般性讨论。一致认为"国际社会应当立即采取措施保护全球环境，以避免全球性的生态灾难"。自此，区域性和国际环境立法开始迅速发展，环境保护思想的普遍性为 20 世纪 70 年代环境立法的集中爆发提供了广泛的思想基础。

一、各国宪法对环境保护的态度区分为基本国策和基本权利

统计结果表明，时至今日，已有 105 个国家在其宪法中确立了环境保护为基本国策的相应条款，将其作为国家职责。德国是公认的代表性国家，其现行宪法（1945 年 5 月 23 日制定，1955 年 3 月 15 日施行）1994 年 10 月第一次修订的基本法第 20a 条，"国家为将来之世世代代，负有责任以立法，及根据法律与法之规定经由行政与司法，于合宪秩序范围内保障自然之生活环境。"俟后，历经 6 次修订，上述条款内容再未更改。

有的宪法明确将环境权作为公民的一项基本权利。如《马里宪法》（1992 年）

第15条规定,"每个人都有拥有一个健康的环境的权利,国家和全国人民有保护、保卫环境及提高生活质量的义务。"美国《伊利诺伊州宪法》第11条规定,"每个人都享有对于有利健康的环境的权利,每个人都可以按照立法要求法院以法律规定的合理限制和管理的适当的法律程序对任何一方,不论其是政府还是个人,执行这项权利。"美国《马萨诸塞州宪法》第44条第791款规定,"人民享有对清洁空气和水,对免受过量和不必要的噪声侵害,以及对他们的环境自然的、风景的、历史的和美学的质量的权利。"

二、欧洲环境立法具有国际性

20世纪60年代欧洲的环境立法主要是采取行政控制的方法对污染物排放进行管理。其后环境立法的目的发展转变为采取预防环境损害措施,避免出现损害后对导致损害的原因物质做出反应,同时,开始提倡环境影响评价、公众参与环境决策以及监督环境质量状况。另一方面是谋求在国内行政管理体制上和国际上的立法以保护一个安全和卫生的环境权利。欧洲发达国家的环境立法也呈现一种阶段性特征。20世纪70年代,注重完善控制区域污染的环境立法,将自然保护法从自然资源开发法中独立出来,同时修改传统民法和刑法与环境保护法相配套;20世纪80年代,将注意力从环境危害后果的补救提前到整个环境危害行为的过程管理,注重国内环境法与国际环境法的协调,强调国家与国家之间的环境保护一致行动;20世纪90年代,将立法视野放置在全球环境立法中,根据国际环境保护立法原则和内容修改国内环境法。相对而言,欧洲的环境立法较为活跃。比如奥地利的《1973年工业化法典》,比利时《反对大气污染法》,保加利亚《环境保护法》,丹麦《废弃物再生利用法》,法国《海岸带保护法》《自然保护法》,德国《环境责任法》,英国《清洁空气法》《污染控制法》《城镇与乡村规划条例》《野生动物与乡村法》,意大利《国家卫生法》《土壤与集水盆地法》,等等。

三、美国开创了综合性环境立法之先河

美国则经历了从单项环境立法到综合性环境立法的过程,这个过程持续的时间并不长。20世纪60年代至1972年间,美国针对持续生产、空气污染和水

污染控制、机动车管理、固体废弃物处理、空气和水质量管理、公民权利、野生动物、土地和水保持基金、野外优美景观、河流、国家标志、历史遗迹保护等不同环境保护具体事项的立法陆续颁布。但在此期间，不断出现环境危害事故、生态保护频遭破坏，整个社会的环境保护意愿空前高涨，民间环境保护组织日益增多，加速了综合性环境立法进程。直至 1969 年，美国国会通过了《国家环境政策法》，首次明确了环境影响评价制度，设置"总统环境质量委员会"，标志着综合性环境保护法的诞生。1970 年 4 月 22 日，由遍布全美的 1500 多所大学和 1 万多所中学共同组织了环境保护运动，即"地球日"活动，同年 12 月联邦政府设立了国家环境保护局。20 世纪 70 年代，美国又相继通过了《职业安全卫生法》《资源回收法》《联邦税污染控制法》《海洋保护、研究和庇护法》《安全饮用水法》《危害种类法》《资源保持和回收法》《水土资源保持法》《国家能源法》《联邦土地政策和管理法》。20 世纪 80 年代，又制定了《综合环境反应、赔偿和责任法》。但因为美国系经济分析法学的发源地，所以在环境保护制度规制方面，更多存在的是各种基于市场化手段的环境政策，而这些政策有着鲜明的特点：其一是吸收了基于市场的环境政策工具，比如 1990 年《清洁空气法案》（Clean Air Act，CAA）污染物二氧化硫可交易排放制度；其二是对信息披露制度的高度关注，比如 1975 年《能源政策和保护法案》（Energy Policy and Conservation Act，EPCA）明确要求一些家用电器加贴能源效率标签和估计的年度能源支出费用标签；其三，作为经济分析的典型方法——成本－效益分析法广泛应用，比如 1996 年《饮用水安全法案》修正案，授权环保局在制定标准时，考虑整体的风险降低，并要求对新的管制措施进行成本－效益分析，同时，允许环保局运用分析结果调整最高污染物水平标准；其四，"环境公平"的认知下，寻求环境管制下的成本与收益均衡；最后，对全球气候变化的关注成为立法和政策考量的焦点。但这并不意味着美国为了全球环境放弃了自己的价值追求，比如限制二氧化碳排放的《京都议定书》，美国从不签字确认。肇始于 1955 年《空气污染控制法案》（The Air Pollution Control Act of 1955），历经 1963 年《清洁空气法案》（Clean Air Act of

1963）、1967 年《空气质量法案》（Air Quality Act of 1967）、1970 年《清洁空气法案》（Clean Air Act of 1970）、1977 年《清洁空气法案修正案》（1977 Amendments to the Clean Air Act of 1970），直到 1990 年《清洁空气法案修正案》（1990 Amendments to the Clean Air Act of 1977），形成了一套完整的适用于美国本国的环境综合控制法律规范，充分体现了其在环境保护方面的成熟的价值观体系。

四、发展中国家和地区的环境立法

拉丁美洲国家在殖民时期结束后是以资源为本位的立法取代以利用为本位的立法。如 1974 年哥伦比亚的《可再生资源与环境保护法典》、1981 年阿根廷的《自然资源条例》等。东亚国家受日本环境立法的影响较大。其中，韩国在 1965 年制定了《公害防止法》，到 1990 年制定了《环境政策基本法》《环境污染损害纠纷调整法》《大气环境保全法》。新加坡的法律制度主要沿袭英国判例法，但环境立法相对完备，20 世纪 60 年代以来相继制定了《规划法》《土地征收法》《大气清洁法》《环境公共卫生法》《防止海洋污染法令》，同时，从公共卫生角度制定了多部环境管理法，如食品、传染病、吸烟等方面的法律规范。

事实上，发展中国家为了改变相对落后的国家面貌，增加社会财富，必然要将经济发展放置于整个国民和社会发展计划的首位，虽然美国学者在上个世纪五六十年代就已经注意到了环境损害对经济发展的"负外部性"规律（经济学名词"外部性"，是指并非由经济活动自身所直接得到的某种后果，而是在此之外产生又与该经济活动有着内在逻辑关系的其他结果，如果这种结果对经济行为起到一定的促进作用，就称之为"正外部性"，反之，则称之为"负外部性"），但除了迫切的加速经济发展需求以外，人的思维定式——"面对一个现实立即发生的不利益和一个将来必然发生的不利益，往往都会选择后者，即优先避免现实损失"也起到了决定性作用。虽然一次又一次的环境污染后果反噬之前所取得的一点点经济成果，但相较于高昂花费的、单纯支出的环境保护和远期的可能的环境反噬，"先污染后治理"原则始终成为大多数发展中国家和落后国家实践中奉行的行为规范。

我国从改革开放初期的 20 世纪 80 年代开始出现环境立法，从社会意识层面提出了保护环境这个社会问题，直到四十年后，"绿水青山就是金山银山"的生态环境保护理念深入人心的今天，走过了一条曲折反复的探索之路。亚里士多德在《政治学》一书中对法治的含义进行了高度概括："已经成立的法律获得普遍的服从，而大家所服从的法律又应当是制定得良好的法律。"从我国环境立法的时间看，是受到了保护环境国际思潮的影响并且在世界各国立法例中属于较早的那一批。从我国环境立法的内容看，其所蕴含的环境保护理念和规范手段在当时也是较为先进的，具有一定的可操作性。从我国环境立法机构的层次看，说明国家决策机构对于经济发展与环境保护的相互关系有着较为清晰的认识并未雨绸缪地进行了预先立法，即法律规范本身所彰显的立法精神与基本原则涵摄了当时存在的甚至将来可能出现的社会现象。环境保护立法的出现奠定了环境保护的法治基础，但因为在当时社会公众的认知范畴中，少有对环境保护的内心尊崇，而缺失了"普遍服从"这个法治前提。究其实质，还在于环境保护的公益属性导致社会个体因为没有能够自我感知的切身利害关系而无法形成"保护环境，人人有责"的内心偏好。这么多年来，既是一个环境保护法律体系不断完善的过程，也是一个环境保护理念镌刻成全社会共同信念的过程，制度的确立可能是一蹴而就的，但思想转变则是一个长期的过程。所以，立法的成熟是法治成熟的一个判断标准，但不能以此得出必然的结论，因为这只是充分条件。很多时候，我们习惯用立法的成熟来证明部门法在社会的发展高度，这样的结论不够严谨，尤其是面对环境保护这个重大社会问题的时候，更需要综合各种要素审慎论证。

第五节 生态环境损害救济程序建构的不同进路

1968 年，法国学者德斯帕克斯首先提出并在著作中使用了"生态损害"这个概念，随后时刻关注法国环境法发展态势的德国和日本从法的内涵和法律规范层面进行了生态环境损害概念整合，但是，是选择扩大侵权损害的认定范围（狭义的只包含纯粹的生态环境自身损害向广义的也包含人身财产损害在内的生态环境损害扩张），还是赋予更多主体以更广泛的生态环境权利种类，决定了德国和日本走上了不同的生态环境损害救济程序的发展进路。德国法坚持扩大赔偿责任的范围（种类），通过对既有权利的内涵进行重新解释并以此为基础吸收新型的侵权行为对象的方式，在既有权利范围内对受侵害的权利加以救济。日本法不断扩大权利种类和范围，以"出新即纳"的全覆盖思维方式对可能出现的新型生态环境损害进行救济。因为日本法最初是将环境权赋予了个人权利属性，所以，由此可以推论，随着生态环境损害类型的增加，日本法的人权边界也将呈现不断扩张的态势。

一、德国扩大了侵权责任的蕴涵并且引入"恢复原状"以增加承担责任的种类

德国法在定义生态环境损害概念时，是以不断区别生态环境损害与侵害所有权而导致财产损失的不同适用场合为思维原点的，在此基础上形成了两种殊途同归的认识。一是认为传统的财产损害范畴不能涵盖生态环境损害，但可以从所有权的视角进行解析。德国民法典第 249 条第 1 款指出，无所有权侵害的生态环境被破坏必然属于生态环境损害，而因所有权被侵害但可以通过恢复原状等方式赔偿的，则不属于生态环境损害。第 249 条第 2 款进一步考察了损害的状态，认为如果这种（有所有权的）损害只能用金钱方式赔偿并且无法使被破坏的生态环境恢复原状的，则属于生态环境损害。总结上述立法规范，生态环境损害应当包括两种形态，一种是对无所有权的生态环境造成损害的，另一种是对有所有权的生态环境造成损害且无法使其恢复到被破坏之前的自然状态

的。二是，即使能够被财产损害所涵盖，也应当构成生态环境损害。这是因为，"生态环境损害"与"自然生态系统被破坏"是等义的，都是不符合环境保护法所要规范的对象权利或者某种形态。生态环境损害可以对有所有权的环境实施，也可以对无所有权的环境实施，因为人类活动与自然生态系统本身就是一体的，在社会实践中，不可能截然划分出两者的边界。在这种情况下，属于环境私益的部分应当运用传统侵权理论，通过民事救济程序加以解决，结果无外乎金钱赔偿、恢复原状等。如果间杂环境公益的领域，民法理论就不足以调整了，而是要依赖公法进行规范。20 世纪 90 年代以后，新的理论认为，从财产损害关系中无法确认的生态环境损害，应当从权利归属的角度将生态环境损害定义为"其是对不属于个人的自然利益的损害"。也就是说，生态环境损害对象是全体社会公众所共享的自然利益，在被侵害时，受害者、环境保护组织和国家政府都可以作为适格的民事诉讼原告提起救济程序。据此，德国以所有权作为生态环境侵权的权利来源，这本身就是将新的事物（生态环境侵害）放到旧的法律框架（侵权责任法）中进行规制，这是传统的法学思维造成的。生态环境损害本身既包含了环境私益损害，也包含了环境公益损害，这种混合的新型概念内涵，已经不足以用传统的民法规范进行完全的调整，侵权责任法也不能有效地救济生态环境被破坏的后果。因为，侵权法关注的是人的过错行为所造成的损害后果，这种属人性忽略了公共性，因为在生态环境损害的场合，一个侵害行为可以同时造成所有权损害和环境破坏。

德国司法实践中，将涉及人身权、所有权（财产权）受到侵害的环境侵权行为放置于民法规范中进行调整。但对于个人行为仅仅是单纯地造成了生态环境损害而无法找到具体受害者的情形是否构成侵权责任，则没有在法律规范中进行明确的回应。德国环境责任法（1991 年生效）规定了所有权、健康权等绝对权因列举范围内的设备运行导致的损害采用无过错责任的归责原则。同时，在所有权受到侵害的场合，该法第 16 条对德国民法典第 249 条进行了修正，规定"加害人的恢复原状责任还需包括恢复环境……"，即将恢复所有权原状扩大到恢复环境原状，从而在事实上将生态环境损害纳入到了整个损害赔偿制度中。在考虑维护生态环境利益的前提下，要求行为人将受到破坏的生态环境状态恢复到该行为之前的形象，对于确实无法恢复的生态环境状态，也需要恢复到近似的形象。德国环境责任法第16条对以恢复原状费用高于生态环境损害本身的价值作为抗辩责任扩大范围的理由进行了否定，指出"经济价值不足以完全反映生态利益，生态利益可能远远大于其自身蕴含的经济利益"。这在司法实践中，也从另一个角度一定程度地解决了生态环境损害赔偿数额的鉴定难题。因为，当生态环境损害发生之后，可能涉及以下三种赔偿数额，分别是所有权人为此负担的全部经济成本、生态环境中物本身的经济价值以及由于该物的损毁所导致的生态环境被破坏的损失（比如清洁空气、合格水源、土壤保护等）。前两种赔偿数额的货币对价尚且能够通过公允的评估方法得出鉴定结论，但第三种损害的评估准确性始终受到质疑，难以得出合理的且无争议的货币对价。在生态环境损害赔偿中，在货币支付之外又增加恢复原状这种责任承担方式，更容易让人判断行为人（被执行人）是否恢复了原有的生态环境状态，是否真正履行了判决义务。上述规范内容在处理林木侵权损害赔偿问题上发挥了重要作用。德国没有采取"差额说"（林木受侵害而导致出售价值的降低，赔偿范围只能按照这部分降低的价值予以确定），而是考虑了恢复林木的全部所需费用。因为成年林木的运输、种植、成长等费用往往超过了林木受损而减少的经济价值。德国联邦法院的判决认为，针对这一类侵权行为，首先是恢复原状，然后才是货币赔偿，赔偿的依据不是由预计可售出价值与侵害后剩余价值的差额来确定，而是由最终的修复费用为损害赔偿数额，且计算的年限从替代林木种植之日起到成长为受损害林木原状时为止。

德国环境损害法（2007年）则对"无所有权的生态环境造成损害"的行为进行了公法规范。其以民事侵权损害赔偿请求权为构建基础，赋予行政机关对环境损害行为人的管理权力，同时，赋予受该行为影响的环境中的关系人以及环境保护组织向行政机关提请做出具体行政行为的请求权。这就意味着，环境集团诉讼绝大多数都属于环境行政公益诉讼范畴，针对有关生态环境侵权所引发的损害修复请求，民间环境保护组织只能以负有监管责任的行政机关为诉讼被告，而无法使损害生态环境的行为人（自然人、法人和其他组织）成为适格被告。其在起诉时，可预见的正确诉讼主张应当是"请求行政机关命令经营者履行生态环境损害的修复义务"，而不是"要求侵害行为人对受侵害的生态环境履行修复义务"。

事实上，早期的德国学界产生过类似日本那种扩张侵权法保护客体的观点。科特根建议将"环境利益"作为德国侵权法保护的权利；福科尔则建议侵害环境构成侵害一般人格权；20 世纪 90 年代开始，莫勒斯主张扩大健康权的内涵以保护环境，认为应当对私法和公法规范中的健康权做统一解释。但这些观点都被德国学界通说所反对，反对理由与日本学说对环境权的质疑依据近似，大概总结，一是环境权客体往往被人身和财产权属掩盖，侵害行为难以剥离并确认；二是环境权能够分配给公民个人不是侵权法所能规范的，但这个问题上升到宪法层面，又会引发环境权是否是国家职权、国家所有权的更广泛争议；三是用一般侵权法去规范扩大后的那部分权利，是力有不逮且很可能需要增加其他手段（非传统意义上的侵权法），这只能是不得已而为之的临时措施，而不能固定为一项制度。为了避免陷入创新权利的更大纠葛中，德国通过扩张损害概念将生态环境损害纳入赔偿范围内。

总而言之，现阶段德国已经彻底放弃了通过不断增加权利外延（甚至创设权利）的方式来救济生态环境损害的理论动议和司法实践，坚持援用既有权利进行救济。其救济途径的设置规则为，出现新型的生态环境损害时，扩张损害的概念，寻找与之对应的既有权利为准据并且增加既有权利的涵摄。狭义的生态环境损害（无受害者）则依托公法进行规制。

有鉴于此，生态环境损害无法完全依据私法或者公法进行单一性质的法律救济，近年来，公法与私法协动的趋势在司法实践中表现得尤为明显。德国法所固守的公私法泾渭分明的理念，充分信任公法对社会行为模式的调整能力以及规制社会秩序实现共同价值追求的力量。甚至于黑尔加德尝试着将"规制"这一公法的本质功能引入到私法领域，参与对私法行为的法律控制（预防），他对于"规制"的定义，是法律的功能之一，是超越个案的控制目的，以利用法律实现政治上的公共福祉。从立法例角度考察，德国的环境责任法多处直接使用了公法的定义，其实质就是在公法与私法价值取向统一的基础上，奠定公法私法协动的生态环境救济体系的新格局。

二、日本从解决社会公害的思维一致性中对环境私法权利内核进行建构

日本的环境法体系始终具有解决社会公害的原动力。20 世纪 50 年代公害事件频发使得日本对于环境污染的规制与生态环境的保护相较于其他国家和地区更具有前瞻性。1967 年的《公害对策基本法》以及 1972 年的《自然环境保全法》都是解决环境公害问题的比较成熟的法律规范。日本也是世界上最早适用"污染者负担原则"的立法国家，以公法规范确定了两种污染者承担环境修复费用的方式，即公共事业型和规制型。1970 年制定的《公害防止事业费事业者负担法》详细规定了，行政机关实施防止公害行为（属于公共事业），而环境污染者承担费用。也就是污染行为人要负担修复费用，并同时规定了其应当负担的具体数额。《自然环境保全法》第 18 条第 1 款规定了，环境大臣和地方行政长官有权力指令未取得行政许可或违反环境法的污染者停止污染行为并恢复原状。这种规制型立法，事实上所针对的不再囿于环境私法领域，而是适用于整个生态环境保护的管辖范围。

"生态环境损害"对于日本仅仅是一个新概念，但绝对不是一个新的法律规范领域。因为通过之前梳理日本为解决环境公害问题所进行的一系列立法活动可以看出，日本早在同德国一样从对法国法的讨论中知悉这一概念之前，就已经在生态环境保护方面制订了相关解决方案并积累了实践经验。之所以日本没有更早地提出这一概念，可能与日本学界对于法国法研究时惯用的比较法方法有关——有比较，有讨论，但没有创造。尽管日本同样认同生态环境保护对象具有私益和公益的复合属性，并且也试图用公法对其进行调整，但其不同于德国的救济进路在于，始终致力于在私法规范范畴内建构生态环境损害赔偿请求权和不作为请求权。日本学者将生态环境损害分为广义和狭义，广义的生态环境损害是指"以环境影响力为起因的损害"；狭义的生态环境损害是指"以

环境影响为起因的损害中，人格利益和财产利益以外的损害"。但日本法中的狭义生态环境损害并不能等同于德国法中的生态环境损害，原因在于日本法关注的是权利的创设，进而对创设权利进行保护，德国并不对权利进行扩张性解释，而是从客观存在的生态环境损害性质和影响来决定法律是否适用。比如在2006年东京国立景观诉讼案中，从一审法院到最高法院，都是以原告是否具有诉讼主体资格作为判决的依据，也就是在讨论原告是否享有景观权，权利的行使范围是依赖于个人对环境权形态的判断，还是服从一般社会公众对环境权形态的普遍认知。而德国当然地认为环境权是自得权利，只要与人类活动相关的一切生态系统都可以纳入到受保护的范围，而对于生态环境损害的法律介入的理由一定是行为对生态环境的损害已经引起了人类活动变化的客观情势。

事实上，日本学界曾经在传统的所有权和人身权范围内阐释环境权的范围，但因为公害事件对日本社会的影响过于强大，所以，随着公害种类紧跟工业发展的步伐不断"推陈出新"，原有权利构造已经不能全面涵盖新的救济范围的观点成为理论界和实务界的共识，导致日本法更倾向于亦步亦趋地将新出现的生态环境损害种类作为立法所保护的新型权利加以规范化。20世纪70年代，大阪律师协会提出将环境权作为民法上的不作为请求权的基础，也就意味着环境权是享有支配环境的自得权利，属于绝对权。之后，很快将环境权赋予公益性质，纳入公共秩序的范畴，出现了环境权是共同共有、共同使用和公共秩序的通说，以后设计"污染者负担原则"、恢复生态环境原状、以行政管理规制环境损害行为便具有了逻辑上的合理性。2006年东京国立景观诉讼案的意义是在日本判例中首次承认在个人私益之外的环境利益也可以成为侵权法保护的权利客体。据此，日本学者将环境权分为"环境相关的公私复合利益"和"纯粹环境利益"。能够个别化的环境利益具有可诉性，但对于与私益的关联性距离较远的公共形态的环境利益，则应当建立环境公益诉讼作为救济程序。

如果尝试着从可诉性的角度举例对上述分类进行区别的话，那么，公民的住所旁边兴建了一座必然产生环境污染的化工厂，其生产过程中排放的各种污染物对公民身体健康的危害是不证自明的，无论是否符合国家规定的排放标准都是对生态环境的破坏，这里损害的就是"环境相关的公私复合利益"，不同公民的个体认知上不会产生较大的偏差，也就意味着，大家都基本同意工厂排放污染物与身体健康损害之间的因果关系，具备了可以提起诉讼的社会公众共同（一般）认知基础（标准）。但如果是政府相关部门统一规划栽种城市道路两旁绿化带里的景观植物，包括设置、增加、减少、铲除等行为对环境所产生的影响就属于"纯粹环境利益"。因为对于景观植物变化状态对环境的影响很难在不同公民的个体认识上形成统一结论，有的会认为影响了拥有良好环境的情绪；有的会认为那些数量的变化对于周边环境的影响可以忽略不计；有的会认为这种结果与自身的环境权益无关，没有考虑的必要。这就意味着，人们很难对这种在因果关系上距离过远的环境现象达成社会公众共同（一般）的认知基础（标准），因为缺乏法益而不能通过诉讼途径予以法律上的保护。就比如说，别人在社会交往场合注视了你一下，在其他人的认知中这是很平常的事实行为，但你却不是这样想的，你认为这是注视你的那个人对你人格的冒犯。你如果用这个理由到法院提起诉讼，法律不可能保护你，因为这是个体的认知差异，没有上升到社会公众共同（一般）的认知基础（标准），当然不能作为法律需要保护的权益，相反，法律认为这样的注视行为不构成对任何人人身权利的侵害，这样的认识才是社会公众共同（一般）的认知基础（标准）。某种社会现象是否具有可诉性，实质上就是这种表象能否纳入社会公众的认知范围并形成一个共同标准的思维过程。

公法私法协动用以解决生态环境救济问题，在日本同样是学说趋势。但有别于德国法构建这一协动系统的认知"假设"——公法的规制力量在追求社会共同福祉的场合中展示得更为突出，因为环境公害事件频发，导致日本法并不完全信任公法的规制能力，希冀通过对私法权利和利益的保护，尤其是对超出个体权利和利益边界之外的群体环境权利和利益进行私法救济。其实质是通过私法介入到传统公法所应当保护的公共环境领域，替代并实现公法的规制功能，以此来实现私法与公法的协动，进而覆盖全口径的生态环境损害救济。但对于狭义的、纯粹的生态环境自身损害，仍然推崇公法的救济途径。在2006年"国立景观诉讼"中，第二审法院以"影响景观的建筑物已经通过行政机关审核而不具有违法性"为理由，推翻了第一审法院基于所有权而赋予个体以公共环境利益的判决结果，也充分表明了日本法对于个人环境权无限扩张的否定与克制态度。

三、美国通过限制原告诉讼理由和适用领域而实质上体现了公民诉讼与环境公益诉讼的不同侵权损害救济途径

生态环境损害赔偿责任中的修复责任不用于"恢复原状"的民事法律责任，因为其不对私法主体受损害权利恢复负责，而是直接指向社会公共利益，属于公法的强制性规范范畴，具有当然的公法属性。美国在生态环境侵权救济途径选择上，通过环境公民诉讼和生态环境损害赔偿诉讼的不同设置非常清晰地区分了个人环境权利损害赔偿责任与生态环境损害修复责任。

美国环境损害赔偿的公民诉讼所依据的 20 余部联邦环境法中关于原告的主体资格并非如同其立法表述所鼓吹的"任何人皆可起诉"，这种夸张的宣言性原则依然存在着"原告的损害赔偿主张是否符合事实损害"等多重规则限制的各种例外。同时，囿于生态环境修复必然存在可恢复、可计量、技术实现和成本收益比较等诸多因素的考量和制约，生态环境损害赔偿主要集中在海洋、水体和土壤等特定领域，而且这些特定领域发生的损害是否可以进行赔偿需要有法律的明确规定。在此领域内，除了损害是源于法律明确指定的"危险物质"且必须达到了严重损害的程度，其他的将被立法所规定的"前置评估"程序定性为"损害程度并不严重的污染事件"筛选出来，在公民诉讼中排除适用。同时，规定了"原告起诉前应当至少提前 60 日告知监管部门和州政府"，只要监管部门和州政府能证明接到原告告知后积极地进行了执法活动，法院将不予受理原告的起诉。在审判阶段，上述监管部门可以以"保护国家利益"为名义，行政干预诉讼进程，甚至可以对原被告双方达成的和解协议提出实质性意见或者表态否决，影响案件的最终结果。而在涉及生态环境修复的诉讼中，作为负有生态环境保护监管责任的行政机关的一种赋予强制执行力的执法手段，更加突显行政机关的优先权。生态环境损害救济分为四个阶段：前置评估—制订修复计划—实施修复计划—事后评估，每个阶段都必须有监管部门的参与和监督，

包括但不限于组织、评估、测量乃至公共修复资金的最终落实。从判决结果的执行手段上考察，行政化的影子始终存在。比如，最初的美国环境公民诉讼，禁令这种明显涵蕴行政命令性质的手段成为唯一的可落实责任形式。当然，这并不意味着在所有场合，为了维护监管部门所负责的社会公共利益的实现而忽略了对法律规则和立法目的的阐释。比如，美国十大环境法案例之一"田纳西流域管理局诉希尔案"中，海勒姆·希尔作为原告，以保护濒危物种——蜗牛镖（一种新型的镖鲈鱼）及栖息地为理由，起诉要求法院依法认定一座耗资数千万美元且历经十年工期已经接近全部完工的位于小田纳西河的泰利库大坝项目违法，并因此发布禁令予以停工。其背景是新创设的《濒危物种法》因为不同于同时期其他环境立法将法规的适用范围限定于特定领域的特征，而是对所有濒危物种进行全面保护，禁止从事任何可能导致物种灭绝的活动。虽然法规语义表达得非常清晰且不存在误读，但因为没有如此绝对条款的适用经验，导致不同地方法院对于这部新法的实际解读存在不同结论。于是，出现了第一审联邦地区法院拒绝颁发禁令，上诉后，联邦上诉法院认为，"联邦地区法院无权拒绝颁发禁令"。被告田纳西流域管理局申请联邦最高法院对案件进行重新审查。联邦最高法院大法官们并未尝试适用评价行政行为合法性时常用的"比例原则"，而是通过对立法目的和语义内容的解读，通过投票支持了联邦上诉法院的观点。伯格法官（Justice Burger）撰写的判决书中认为，《濒危物种法》明文禁止任何危及濒危物种的行为而无论付出怎样高的成本，法院无权在蜗牛镖及栖息地与泰利库大坝工程项目之间做出公共利益的价值判断，因为"国会已经用最清楚的用语足够清晰地表明其利益权衡倾向于濒危物种保护的最高优先性……在解释法律的过程中，法官应当撇开个人对国会特定行为是否明智的主观评价。一旦法律的含义已经解释清楚，其是否符合宪法已经被确认，司法过程即告终结，法院没有否决的权力"。也有人认为本案的意义在于，包括《濒危物种法》在内的环境保护法的可执行性在社会公共利益内部出现分配矛盾时，是要树立生态环境保护是最高等级的社会公共利益（根据当时的项目可行性研究报告和环境评测报告等文件，泰利库大坝建成初期的经济收益不高于对当地的环境收益）的理念，还是尊崇法律规范内容的明确意蕴。

无论是环境公民诉讼还是生态环境损害赔偿救济都需要社会公众的知情并参与，环境公民诉讼的和解协议作出后，应当向有关的社会公众进行告知并充分听取他们的意见，允许进行评价和讨论。同时，被告为了减轻自己的责任而承担了法定义务或者责任范围以外的其他义务，社会公众可以对此进行谅解。生态环境损害赔偿的"修复意向通知书""修复计划"和"修复方案"都需要依法由有关的社会公众参与，以保证上述修复内容能够真正作用到生态环境恢复的实际效果中。

四、意大利和法国将生态环境修复诉讼从传统的民事侵权损害赔偿诉讼中独立出来

欧盟于 2004 年发布的《关于预防和补救环境损害的环境责任指令》（以下简称"环境指令"）清晰地确认了生态环境损害修复的公法属性，以及私法主体和公法主体（监管部门）在这一领域的具体差异。环境指令规定"主管部门通过自身或通过第三方代替经营者采取了措施后……其可向经营者索赔因此产生的费用"，与之迥异的是"自然人或法人只能……要求主管部门根据本指令采取行动"，而不能直接起诉实际造成生态环境损害的"经营者"。法国和意大利是少数几个允许私法主体起诉要求承担生态环境损害修复责任的国家，但也是与行政监管部门为主导的生态环境损害修复诉讼相区别，类似于对其的补充性程序。意大利坚持，行政机关拥有第一顺位的生态环境损害赔偿请求权，只有在其不作为的情况下，民间环境保护组织才可以提起本应当由行政机关作为原告的生态环境损害赔偿诉讼。法国虽然没有顺位上的规定，但也是将民间环境保护组织的起诉视为"和地方政府分享追究环境损害责任的执法资格"，将诉讼主体资格赋予特定的少数几个协会组织并且其起诉前提严格限制在"被诉（生态环境损害）行为构成犯罪的严重情形"。欧盟各国在对环境指令进行立法转化的过程中，又发现上述环境指令所规范的范围相当有限，仅仅是指定受保护物种及其栖息地、水体以及土壤。对于诉讼结果所涉及的公众知情权和参与权的问题，德国的《环境损害预防及恢复法》特别强调了，在行政机关决

定（生态环境）修复措施时，公民（包括环境保护民间组织）有权参与该程序并陈述意见。欧盟的环境指令更进一步，赋予与生态环境损害有利害关系的私法主体更加充分的"行动请求权"。

梳理上述立法例，可以清晰地看到，德国与日本对于生态环境损害救济程序的立法建构视阈存在着较为明显的差别。德国更倾向于在现有的法律体系中，通过理论创新与涵蕴变化来不断用现行法调整规范新情势，以此来全面覆盖生态环境损害救济程序，但不会轻易地创设新法以扩张现存的法律体系；而日本因为对社会环境公害频发的现实具有更高层次的危机意识，所以，更倾向于改变原有的法律体系，以创设新型法律的方式来规范复杂化的生态环境损害救济程序。虽然侧重的方向不同，但德国、日本两国试图扩张私法解释，尤其是围绕着对侵权法的损害范围重构与被保护的法益重构各自展开的，那么，对于如何确认扩张性解释的边界，两国学界都进行积极并卓有成效的思考。即便如此，对于生态环境损害救济的公法与私法协动的未来发展趋势，无论德国法还是日本法都是认同并积极推动的。同样，美国和欧盟国家内部也将生态环境侵权损害赔偿法律责任中的生态环境修复方式从传统的民事诉讼（私法救济途径）中独立出来，作为在公法领域进行执法监督的司法审查制度。在充分认识了这些先进理论的基础上，结合我国生态环境损害救济理论体系和社会实践中的生态环境损害问题，构建了具有中国特色的生态环境损害救济制度。

第二章 生态环境法治建设的历史进程

我国的生态环境法治建设在新中国成立初期着眼于解决经济发展的"负外部性"问题——工业排放造成的环境污染对社会公共利益的影响，直至《中华人民共和国民法典》颁布施行的建设有中国特色生态文明的今天，已经走过七十余年的历程。有别于西方国家的生态环境保护法律制度和思想体系，中国的生态伦理观、可持续和和谐发展观无不突显其先进性和优越性，以生态环境为核心，以"生产发达、生活美好、生态平衡"为追求目标，以"经济、政治、社会、文化、环境、资源、生态、灾害"有机系统内"八位一体"为特征，标志着自主创新的生态环境法治理论体系的建构完成，将在社会实践中得到充分验证的生态环境法治理论转化为国家意志，就形成了包括专门性法律 36 部、行政法规 150 多件（生态环境部适用的为 32 件）、部门规章约 250 件（生态环境部制定的为 84 件）、司法解释及司法政策文件 50 多件、各级各类环境标准 2200 多件的庞大规模体系，充分体现了我国生态环境保护日臻完善的发展现状，在这一领域不断突破创新的良好态势。

我国生态环境法治建设一般划分为三个阶段，即起步阶段、发展阶段、繁荣新阶段。每个历史发展阶段都出现了理论创新与环境立法相辅相成的现象，充分体现了先进思想转化为国家意志后，必然要有效地指导社会实践。我国生态环境保护工作在不同阶段呈现出不同的特征。

第一节 生态环境保护思想的萌芽与制度初创

我国生态环境法治建设的第一阶段，也称为起步阶段，一般认为是从 1949 年新中国成立到 1979 年我国第一部《环境保护法（试行）》制定颁布。新中国成立以后，全国各地开始集中力量投入社会经济建设中，除了依然坚持以农业发展为重要基础，工业建设的速度不断提升，城市规模不断扩大和城镇化进程加快，这一时期出台了禁止将"重要河流及防洪堤两侧五百公尺以内……在文化上具有保存价值而不能移动之著名古迹所在地"划作矿区的《中华人民共和国矿业暂行条例》（1950 年）、《政务院关于发动群众开展造林、育林、护林工作的指示》（1953 年）、《国家建设征用土地办法》（1953 年）、《工厂安全卫生规程》（1956 年）、《狩猎管理办法（草案）》（1956 年）、《水产资源繁殖保护条例（草案）》（1957 年）、《关于注意处理工矿企业排出有毒废水、废气问题的通知》（1957 年）、《中华人民共和国水土保持暂行纲要》（1957 年）、《放射性工作卫生防护暂行规定》（1960 年）、中共中央批转的《关于工业废水危害情况和加强处理利用的报告》（1960 年）、《国务院关于积极保护合理利用野生动物资源的指示》（1962 年）、《森林保护条例》（1963 年）、《防止矽危害工作管理办法（草案）》（1963 年）、《城市工业废水、生活污水管理暂行规定（草案）》（1964 年）、《放射性同位素工作卫生防护管理办法（试行）》（1964 年）、《矿产资源保护试行条例》（1965 年）、《关于加强山林保护管理，制止破坏山林、树木的通知》（1967 年）等有关环境保护的行政性法规和政策文件。同时，为了处理突发性环境危害事件而应急制定了有关防治环境污染的专门性文件，如《关于工业"三废"对水源、大气污染程度调查的通知》（1971 年）、《国家计委、国家建委关于官厅水库污染情况和解决意见的报告》（1972 年）、《关于上海化工系统开展综合利用的情况报告》（1972 年）等。仅从法律渊源层级效力归类，这一时期整体的环境保护制度并未上升到法律，甚至非基本法律的层级，宪法也未制定原则性规范。蔡守秋教授认为，"上述这一系列的行政命令、通知、纪要和批文，其效力级别很低，根本无法有效应对当时的环境污染问题。"针对这个观点，有很多不同意见，比如 1971 年"官厅水库污染事件"，因为张家口宣化上游的工厂排污，导致官厅水库的鱼群死亡。经过群策群力地创新处置措施，最终处理掉 53% 的污染物，并且在胜利解决官厅水库环境污染的同时，制定出中国独创的环境管理领域的"三同时"制度。1972 年 6 月，在国务院批准的《国家计委、国家建委关于官厅水库污染情况和解决意见的报告》中，第一次提出了"工厂建设和三废利用工程要同时设计、同时施工、同时投产"的要求。1973 年，经国务院批准的《关于保护和改善环境的若干规定》中提出："一切新建、扩建和改建的企业，防治污染项目必须和主体工程同时设计、同时施工、同时投产……正在建设的企业没有采取防治措施的，必须补上。各级主管部门要会同环境保护和卫生等部门，认真审查设计，做好竣工验收，严格把关。""三同时"的环境管理制度体现了我国环境保护思想已经出现了"风险预防"的先进理念，这在当时世界上也是"实践创新理念"的典型代表。以上种种，充分证明了我们国家对社会经济发展所涉及的环境保护问题和污染治理问题的担忧，并在制度层面对这些新出现的问题进行了人为控制和措施完善。在这一时期，出现了很多值得重视的具有重大意义的事件，也为我国突破初级的环境保护观念、接受国际环境法思想、无障碍过渡到现代环境保护法律制度建设工作提供了思想条件和技术条件。

（1）1972 年 6 月，周恩来总理建议我国派团参加联合国人类环境会议，得到毛泽东主席的批准。1972 年 6 月 5 日，中国代表团参加会议并在大会上发言，阐明了我国在环境问题上的原则立场，同各国交流了环境保护领域的经验并参与讨论了会议文件。这次会议是中国参加的第一个全球范围内的环境保护国际会议，使我国对环境保护问题已经跨越区域、跨越国境而对人类共同体产生不容忽视的影响这一结论有了明确充分的认识。

（2）参加联合国人类环境会议，对我国的环境保护工作是一个极大的推动，1973 年 8 月召开第一次全国环境保护会议。会议通过的《关于保护和改善环境的若干规定（试行草案）》，实质上是中国第一个环境保护方面的综合性行政法规。其明确规定，我国的环境保护方针是"全面规划，合理布局，综合利用，化害为利，依靠群众，大家动手，保护环境，造福人民"。该文件还规定了发展生产和环境保护"统筹兼顾、全面安排"的原则；建立了"三同时"等制度；规定了防治废水、废气、废渣、噪声、农药、放射性物质、有毒物质、食品污染以及保护和改善城市、工矿区、居住区、水、土、野生动植物、森林、草原等重大措施，并且对环境监测、科研、宣传、教育以及环境保护所必需的投资、设备、材料等事项均提出严格要求。本次会议的《关于保护和改善环境的若干规定（试行草案）》由国务院批转施行，成为1979年《中华人民共和国环境保护法（试行）》的立法参照和规范雏形。1974年10月，国务院环境保护领导小组成立，为环境监管体制的专门化建设奠定了决策基础。

（3）妥善处理"官厅水库环境污染事件"，不但取得了良好的社会效果，而且创制了当时世界上最先进的"同时设计、同时施工、同时投产"（三同时）环境保护管理制度。之后，又在官厅水库上游6公里的位置发现了较大规模磷矿，1978年，国家计委、国家建委、国家经委和国务院环境保护领导小组办公室召开会议商讨开采磷矿的解决方案时，从尾矿水污染排放的角度判断开采的可行性，成为我国第一个环境影响评价项目。

（4）将环境与资源保护指导思想上升为宪法规范。1978年3月5日，第五届全国人民代表大会第一次会议通过了新的《中华人民共和国宪法》，第十一条明确规定："国家保护环境和自然资源，防治污染和其他公害。"这是我国第一次以国家根本大法的形式将环境与自然资源保护确定为国家的一项基本职责，将环境污染防治和自然资源保护划定为环境与自然资源保护制度所涵摄的统一领域，以此奠定了我国生态环境保护法体系以及环境与自然资源保护法学理论的基本构架。

（5）为了回应宪法的原则精神和规范指引，1979年制定了《中华人民共和国环境保护法（试行）》。1978年12月，中共中央批转了国务院环境保护领导小组提出的以推进环境立法为主要内容的《环境保护工作汇报要点》，该文件将加强环境资源法制建设、制定环境保护法律作为环境保护工作重点之一，未来蓬勃发展的我国环境保护立法工作肇始于此。1979 年 2 月，五届全国人大常委会第六次会议原则通过了《中华人民共和国森林法（试行）》。1979 年 9 月，五届全国人大第十一次会议原则通过了《中华人民共和国环境保护法（试行）》。该法的公布是我国环境保护事业发展的里程碑。环境保护法以宪法为依据，规定了环境保护的对象、任务、方针和适用范围，规定了"谁污染谁治理"等原则，确定了环境影响评价、"三同时"、排污收费、限期治理、环境标准、环境监测等制度，明确了环境保护机构设置及职责。虽然写明"试行"，但同样是具有权威性和效力性的调整我国环境保护领域的一部统一的法律规范，同时，也说明立法机关对于环境保护这个新兴事物审慎稳重的态度。

至此，我国已经初步建立了环境保护的发展方向和法律框架。但因为缺少宏观上的现代意义的环境法思想作为立法指引并且围绕着宪法关于环境保护的精神原则形成更为广泛的环境保护法规范群，曾经有部分学者忽略了这段时期我国在环境保护方面所进行的积极尝试和初步探索，这样的观点不符合环境保护法的制度实践和发展历程。在当代，无论从理论学界还是法律制度史上，对这段属于我国特有的从自发到自觉的环境保护意识的元初与源起，都给予了正面评价和积极肯定，也是建立完善中国特色生态文明所必需的思想启蒙过程。

第二节 适应国际环境法发展的我国环境立法进程

我国生态环境法治建设的第二阶段，也称为发展阶段，从 1979 年到 2012 年中国共产党第十八次全国代表大会胜利召开。在这一阶段，我国环境法事业蓬勃发展的可喜成果是发轫于上一个阶段的思想总结和升华，即 1978 年宪法第十一条第三款以及 1979 年的《中华人民共和国环境保护法（试行）》。1982 年宪法（即现行宪法）第九条规定，"……国家保障自然资源的合理利用，保护珍贵的动物和植物。禁止任何组织或者个人用任何手段侵占或者破坏自然资源。"这是将环境和自然资源保护纳入国家职责的范畴，同时，宪法第二十六条对环境保护的内涵进行了界定，即"国家保护和改善生活环境和生态环境，防治污染和其他公害"。之后，我国陆续制定了《中华人民共和国刑法》（1979 年，在第二编第三章规定了对自然资源保护的三个规范内容，分别是第 129 条、第 130 条和第 131 条）、《中华人民共和国海洋环境保护法》（1982 年）、《中华人民共和国水污染防治法》（1984 年）、《中华人民共和国民法通则》（1986 年，明确了因环境污染所导致的侵权损害赔偿责任）、《中华人民共和国大气污染防治法》（1987 年）、《中华人民共和国草原法》（1985 年）、《中华人民共和国矿产资源法》（1986 年）、《中华人民共和国水法》（1988 年）、《中华人民共和国野生动物保护法》（1988 年）以及《中华人民共和国环境保护法》（1989 年）等污染防治和自然资源保护方面的法律法规。

1992 年 6 月，有 183 个国家和地区的代表团和联合国及其下属机构等 70 个国际组织的代表出席了在巴西里约热内卢召开的联合国环境与发展会议（里约会议），会议确立了"可持续发展"的环境保护未来发展思想，并审议通过了《里约环境与发展宣言》《二十一世纪议程》《气候变化框架公约》《生物多样性公约》和《关于森林问题的原则声明》等 5 个战略性文件，构筑了可持续发展思想指引下的国际环境保护制度框架。作为人类环境保护第二个里程碑事件的里约大会胜利结束后的当年 7 月，我国政府着手组织 52 个部门、300 多名专家起草《中国 21 世纪议程》，使得中国成为世界上第一个完成未来环境保护议程编制的国家。1992 年 8 月，党中央和国务院批准了外交部和国家环境保护局关于出席联合国环境与发展会议的报告——《中国环境与发展十大对策》，指出中国必须转变发展战略、走持续发展道路，认为实行可持续发展战略是加速中国经济发展和解决环境问题的正确选择和合理模式。1994 年 3 月，国务院批准了《中国 21 世纪议程——中国 21 世纪人口、环境与发展白皮书》，该议程包括 184 个方案领域，内容涵盖中国人口、经济、社会、资源、环境的可持续发展战略、政策和行动框架，不仅提出了实施可持续发展的总体战略、基本对策和行动方案，还要求建立体现可持续发展的环境资源法体系，并将新的环境立法列为新的优先项目计划。该议程使中国成为世界上率先编制国别《二十一世纪议程》的国家。从 1994 年起，全国人民代表大会环境与资源保护委员会（当时称环境保护委员会）的立法工作全面展开，在不断提速制定新的环境保护法律法规的同时，也没有忽视对现行的环境保护法律制度的整理甄别、修改（当时较少使用"修正"或者"修正案"这样的立法概念，大都采用了法律规范名称不变而以新内容替换旧内容的方式）和动态平衡。相继修改、制定了《自然保护区条例》（1994 年 10 月）、《淮河流域水污染防治暂行条例》（1995 年 8 月）、《固体废物污染环境防治法》（1995 年 10 月）、《水污染防治法》（1996 年 5 月修订）、《煤炭法》（1996 年 8 月）、《矿产资源法》（1996 年 8 月修正）、《环境噪声污染防治法》（1996 年 10 月）、《防洪法》（1997 年 8 月）、《节约能源法》（1997 年 11 月）、《防震减灾法》（1997 年 12 月）、《森林法》（1998 年 4 月修订）、《土地管理法》（1998 年 8 月修订）、《海洋环境保护法》（1999 年 12 月修订），2000 年修订了《大气污染防治法》和《渔业法》，2001 年颁布了《防沙治沙法》和《海域使用管理法》。其中，最引人关注的环境保护立法事件，就是在 1997 年制定现行的《中华人民共和国刑法》时，增加了"破坏环境资源保护罪"和"环境保护监督管理失职罪"的规定。这是将1979 年刑法规范调整的自然资源保护范畴扩展到了整个环境保护的更为完整的刑法规范领域。

2002 年 8 月，为纪念人类环境会议 30 周年和里约环境与发展大会 10 周年，在南非约翰内斯堡举行了联合国第一届可持续发展世界首脑会议（又称第二届地球首脑会议），我国政府十分重视本次大会，为大会的成功召开发挥了独特作用。在会议筹备过程中，我国邀请 41 个发展中国家在北京举行了环境与发展部长级会议，发表了《北京宣言》，阐明了对世界环境问题的立场和主张，产生了广泛的影响。同时，在约翰内斯堡会议上，我国政府坚持《里约宣言》的可持续发展精神，敦促发达国家兑现环发大会上的承诺，积极维护发展中国家的共同利益。《北京宣言》所倡导的生态环境保护的先进理念和可持续发展要旨，促进了我国环境法制建设工作水平和深度的进一步提升。2002 年颁布了《中华人民共和国清洁生产促进法》《中华人民共和国农村土地承包法》《中华人民共和国环境影响评价法》，修改了《中华人民共和国水法》《中华人民共和国草原法》《中华人民共和国文物保护法》；2003 年颁布了《中华人民共和国放射性污染防治法》；2004 年修改了《中华人民共和国固体废物污染环境防治法》《中华人民共和国土地管理法》《中华人民共和国野生动物保护法》《中华人民共和国渔业法》；2005 年颁布了《中华人民共和国可再生能源法》《中华人民共和国畜牧法》。2006 年 4 月，国务院在北京召开第六次全国环境保护会议，强调从主要用行政办法保护环境转变为综合运用法律、经济、技术和必要的行政办法解决环境问题，提高环境保护工作水平。会议精神明确并且强调：“强化法治是治理污染、保护生态最有效的手段，要把环境保护真正纳入法治化轨道。加强环境立法，健全和完善环境法律体系。建立完备的环境执法监督体系，坚决做到有法必依、执法必严、违法必究，严厉查处环境违法行为和案件……决不允许违法排污的行为长期进行下去，决不允许严重危害群众利益的环境违法者逍遥法外。”2007 年制定了《中华人民共和国物权法》《中华人民共和国城乡规划法》《中华人民共和国突发事件应对法》，修订了《中华人民共和国节约能源法》。2008 年颁布了《中华人民共和国循环经济促进法》，修订了《中华人民共和国水污染防治法》。2009 年制定了《中华人民共和国侵权责任法》和《中华人民共和国海岛保护法》，修订了《中华人民共和国可再生能源法》。2010 年修订了《中华人民共和国水土保持法》。2009 年和 2011年修订了《中华人民共和国煤炭法》。2012 年修订了《中华人民共和国清洁生产促进法》和《中华人民共和国农业法》。2012 年十一届全国人大常委会第二十八次会议通过的《中华人民共和国民事诉讼法》第 55 条规定，“对污染环境、侵害众多消费者合法权益等损害社会公共利益的行为，法律规定的机关和有关组织可以向人民法院提起诉讼。”这是在司法实践层面确认了环境民事公益诉讼程序设立和诉讼理由的合法性，为建构和完善我国生态环境侵权损害救济制度体系提供了坚强的实证主义支撑。

从 1979 年我国的第一部环境保护法（试行）开始，到 2013 年之前，我国环境保护法律规范群共包含了 4 部综合性的环境保护法律、11 部环境污染防治的法律、13 部自然资源保护（管理使用）的法律、4 部节能环保类法律（《清洁生产促进法》《循环经济促进法》《节约能源法》《可再生能源法》），超过 30 部与环境保护相关的其他法律。还有 60 部国务院发布的行政法规、2000余件环保规章和地方环保法规、10 余件军队环保法规和规章及 1100 多项环保标准。此外，我国参加或者签订了 60 多部与环境保护有关的国际公约，并且与 40 多个国家签署双边环境保护合作协议或谅解备忘录，我国已经初步形成了环境保护法律体系。总结这一时期出现的重大环境保护事件，包括但不限于：

（1）《北京宣言》表明我国对世界环境保护的态度，开始在国际环保领域发声，影响范围广泛。同时，积极引领了我国可持续发展的环境保护立法工作在 21 世纪初期的蓬勃发展。在这一时期，还可以梳理出一些对我国环境保护工作具有重大影响的事件。1997 年党的十五大提出"依法治国"的理念，并将"可持续发展"确定为中国"现代化建设中必须实施"的战略，首次将"国家环境保护五年规划"纳入国民经济和社会发展总体规划（"九五"时期规划）；1998 年国务院印发《全国生态环境建设规划》并启动一系列生态环境保护和建设立法高潮；2000 年国务院办公厅印发《全国生态环境保护纲要》，提出坚持"污染防治与生态环境保护并重"以及"在保护中开发，在开发中保护"的原则；2002 年第五次全国环境保护会议指出"环境保护是政府的一项重要职能"和"保护环境是可持续发展战略的重要内容"；2005 年国务院制定《国家突发环境事件应急预案》；2006 年《中华人民共和国国民经济和社会发展第十一个五年规划纲要》中提出"建设资源节约型和环境友好型社会"，国务院召开第六次全国环保大会提出从重经济增长轻环境保护转变为二者并重等"三个转变"的战略思想；2008 年北京奥运会的成功举办为联防联控解决区域性环境问题积累了有益经验。

（2）相应的民事立法和刑事立法襄助环境保护制度涵摄更广泛的社会实践行为，建构完整的生态环境侵权损害救济体系。在民事立法方面，《中华人民共和国民法通则》（1986 年）第 124 条规定："违反国家保护环境防止污染的规定，污染环境造成他人损害的，应当依法承担民事责任。"2007 年的《中华人民共和国物权法》第 83 条、第 90 条对环境保护的相邻关系作出明确规定。

《中华人民共和国侵权责任法》（2009 年）将第八章直接命名为"环境污染责任"，最高人民法院也为此专门制定了《最高人民法院关于审理环境侵权责任纠纷案件适用法律若干问题的解释》，对环境侵权责任在司法审判实践中的适用问题进行了规范。

同时，将环境保护领域上升到刑法所进行调整的范畴，丰富了生态环境损害法律责任的内涵，既涵盖了民事责任、行政责任和刑事责任，也从国家意志的高度将严重侵害生态环境的行为定性为刑事犯罪，对转变社会公众对生态环境保护的普遍意识和行为预判产生了决定性作用。1997 年《中华人民共和国刑法（修订）》在分则第六章第六节新增了"破坏环境资源保护罪"，在分则第九章中规定了"环境监管失职罪"，分则第三章第二节有关走私的犯罪条款中对走私"国家禁止进出口的珍贵动物及其制品"、"国家禁止进出口的珍稀植物及其制品"（第 151 条）以及"逃避海关监管将境外固体废物运输进境的"（第 155 条）认定构成环境犯罪行为。在《中华人民共和国刑法修正案（二）》至《中华人民共和国刑法修正案（八）》中，都逐步增加和强化了环境资源犯罪行为的内容。刑法修正案（八）删除了"致使公私财产遭受重大损失或者人身伤亡的严重后果的"这一定罪标准，明确规定只要是违反国家规定，排放、倾倒或者处置有放射性的废物、含传染病病原体的废物、有毒物质或者其他有害物质，严重污染环境的，就要追究刑事责任。这样的修改，其实质是通过降低刑法对刑事犯罪的认定标准而对社会公众生命健康给予更高度的重视。

（3）为环境保护法律体系的发展提供创新性机构保障。1993 年 3 月，全国人民代表大会成立了"环境与资源保护委员会"这一专门委员会。1982 年 5 月组建城乡建设环境保护部，部内设环境保护局；1988 年 7 月将环保工作从城乡建设环境保护部分离出来，成立独立的国家环境保护局；1998 年 6 月国家环境保护局升格为国家环境保护总局；2008 年 3 月，十一届全国人大一次会议表决通过组建环境保护部，成为国务院正式组成部门之一。

（4）我国环保法庭（环境资源审判庭）在全国范围内的广泛设立，是在环境司法专门化方面的创新性举措。从 2007 年贵州省贵阳市的清镇环保法庭开始，到 2013 年底全国已经建立了 150 多个环保法庭，专门从事环境资源类案件的审判。同一时期，在贵阳、无锡、重庆等多地开展的环境公益诉讼地方立法探索工作，为国家层面环境公益诉讼制度建设提供了第一手的实证基础。

（5）"公众参与"与"信息公开"成为生态环境保护领域的基本原则，我国的《环境影响评价法》（2002 年 10 月通过，2003 年 9 月施行，2016 年第一次修正，2018 年第二次修正）对此进行了全面细致的规定。第五条规定："国家鼓励有关单位、专家和公众以适当方式参与环境影响评价。"第十一条是对专项计划的可行性作出的规定，"专项规划的编制机关对可能造成不良环境影响并直接涉及公众环境权益的规划，应当在该规划草案报送审批前，举行论证会、听证会，或者采取其他形式，征求有关单位、专家和公众对环境影响报告书草案的意见……编制机关应当认真考虑有关单位、专家和公众对环境影响报告书草案的意见，并应当在报送审查的环境影响报告书中附具对意见采纳或者不采纳的说明。"第二十一条是对工程建设的前置程序的规定，"除国家规定需要保密的情形外，对环境可能造成重大影响、应当编制环境影响报告书的建设项目，建设单位应当在报批建设项目环境影响报告书前，举行论证会、听证会，或者采取其他形式，征求有关单位、专家和公众的意见。建设单位报批的环境影响报告书应当附具对有关单位、专家和公众的意见采纳或者不采纳的说明。"

第三节　生态文明指引下的中国特色生态环境保护法体系的发展历程

我国生态环境法治建设的第三阶段，也称为生态文明新阶段，从党的十八大至今，走出了一条具有中国特色的生态文明思想指引下的生态环境保护之路。党的十八大报告把生态文明建设纳入"五位一体"总体布局，提出了建设美丽中国的愿景，并且在生态文明建设上"动真格"地行动起来。党的十八大报告指出，"当前和今后一个时期，要重点抓好四个方面的工作：一是要优化国土空间开发格局；二是要全面促进资源节约；三是要加大自然生态系统和环境保护力度；四是要加强生态文明制度建设。……要把生态文明建设放在突出地位，融入经济建设、政治建设、文化建设、社会建设各方面和全过程，努力建设美丽中国，实现中华民族永续发展。"党的十八大还提出将生态文明建设写入《中国共产党章程》。党的十八大之后，党中央将生态文明建设放在治国理政的重要战略位置。党的十八届三中全会通过的《中共中央关于全面深化改革若干重大问题的决定》（2013 年 11 月），提出加快建立系统完整的生态文明制度体系；十八届四中全会通过的《中共中央关于全面推进依法治国若干重大问题的决定》（2014 年 10 月），提出要用最严格的法律制度保护生态环境；十八届五中全会通过的《中共中央关于制定国民经济和社会发展第十三个五年规划的建议》（2015 年 10 月），将绿色发展纳入新发展理念。同时，《中共中央 国务院关于加快推进生态文明建设的意见》（2015 年 4 月）、《生态文明体制改革总体方案》（2015 年 9 月）等一系列重要政策文件，进一步明确了生态文明建设的基本原则、指导思想、体制机制和制度措施。我国有关生态文明建设理念以及将之与物质文明和精神文明并列的社会发展规划结构，引起了国际社会的广泛关注，2013 年 2 月，生态文明的相关内容正式写入联合国环境规划署第 27 次理事会的决定案文中。

我国生态环境法治建设进入高速发展时期，从立法、司法、执法等多个领域深入变革并全面推进，为生态文明建设提供了可靠的法治保障。仅就我国生态环境保护立法而言，2013 年修订了《中华人民共和国草原法》《中华人民共和国渔业法》《中华人民共和国煤炭法》《中华人民共和国海洋环境保护法》《中华人民共和国固体废物污染环境防治法》；2014 年修订了《中华人民共和国气象法》；2015 年修订了《中华人民共和国城乡规划法》《中华人民共和国畜牧法》《中华人民共和国固体废物污染环境防治法》《中华人民共和国电力法》《中华人民共和国文物保护法》和《中华人民共和国大气污染防治法》；2016 年制定了《中华人民共和国环境保护税法》和《中华人民共和国深海海底区域资源勘探开发法》，同年修订了《中华人民共和国水法》《中华人民共和国防洪法》《中华人民共和国环境影响评价法》《中华人民共和国节约能源法》和《中华人民共和国野生动物保护法》；2017 年制定公布《中华人民共和国民法总则》《中华人民共和国核安全法》，修订了《中华人民共和国水污染防治法》《中华人民共和国海洋环境保护法》《中华人民共和国民事诉讼法》和《中华人民共和国行政诉讼法》。其中，民法总则第九条规定，"民事主体从事民事活动，应当有利于节约资源、保护生态环境。"其被称为"绿色原则"，即生态环境保护原则。这一原则的确立，为当代民法做出了巨大的价值贡献，从一定意义上促进了我国民法典多元化价值结构形成。通过这一原则，在民法与环境法之间构筑的内涵上的连接关系，为生态环境侵权损害的民事救济途径提供了实体法依据。民事诉讼法第五十五条规定，"对污染环境、侵害众多消费者合法权益等损害社会公共利益的行为，法律规定的机关和有关组织可以向人民法院提起诉讼。"行政诉讼法第二十五条规定，"……人民检察院在履行职责中发现生态环境和资源保护……致使国家利益或者社会公共利益受到侵害的，应当向行政机关提出检察建议，督促其依法履行职责。行政机关不依法履行职责的，人民检察院依法向人民法院提起诉讼。"由此，赋予了生态环境保护公益诉讼中，人民检察院在民事救济途径和行政救济途径当然的诉讼主体地位。

2017 年 10 月，党的十九大就"加快生态文明体制改革，建设美丽中国"作出了新部署。党的十九大修改的《中国共产党章程》对生态文明建设进一步明确。2018 年 3 月 11 日，第十三届全国人大第一次会议通过修订的宪法，将"推动物质文明、政治文明、精神文明、社会文明、生态文明协调发展，把我国建设成为富强民主文明和谐美丽的社会主义现代化强国，实现中华民族伟大复兴"作为"国家的根本任务"纳入宪法序言，在第八十九条中，将"领导和管理经济工作和城乡建设、生态文明建设"增加为国务院行使的一项重要职权。

2018 年 5 月召开的全国生态环境保护大会，习近平总书记亲自参加会议，并在会上系统完整地阐述了生态文明思想。讲话强调，"生态文明建设是关系中华民族永续发展的根本大计。生态环境是关系党的使命宗旨的重大政治问题，也是关系民生的重大社会问题。"这次会议之后，2018 年 6 月 16 日公布的《中共中央 国务院关于全面加强生态环境保护坚决打好污染防治攻坚战的意见》，揭开了全国范围内大力推进生态文明建设的新局面。这些重大的历史性事件，对新时代的环境立法工作都产生了极为深刻和深远的影响。

2018 年修订了《中华人民共和国土壤污染防治法》《中华人民共和国大气污染防治法》《中华人民共和国野生动物保护法》《中华人民共和国节约能源法》《中华人民共和国循环经济促进法》《中华人民共和国防沙治沙法》《中华人民共和国环境保护税法》《中华人民共和国环境影响评价法》。2019 年为了推进公益诉讼，最高人民检察院专门成立了第八检察厅，第八检察厅的职能就是专门的公益诉讼，充分发挥人民检察院的国家监督机关性质，作为公益诉讼主体承担提起公益诉讼的职能。2019 年修正《中华人民共和国城乡规划法》和《中华人民共和国森林法》；2020 年制定通过了《中华人民共和国长江保护法》，修订了《中华人民共和国固体废物污染环境防治法》；2021 年制定通过《中华人民共和国噪声污染防治法》《中华人民共和国湿地法》；2022 年制定通过了《中华人民共和国黄河保护法》，修订了《中华人民共和国野生动物保护法》。立法机关通过对生态环境保护法律体系内部进行统筹平衡、协调一致，增删修正，更重要的是制定实施了大量新的环保法律，极大地充实了生态环境保护法治建设的系统内涵，不断迭代归纳新的理论研究和司法实践成果，使得我国的生态环境保护法律制度体系日臻完善，法治建设呈现出前所未有的全新发展态势。这一时期，值得深刻铭记的事件不胜枚举，其中有代表性的典型事件包括：

（1）2014 年修订《中华人民共和国环境保护法》，将党的十八大以来，党中央将生态文明建设切实作为统筹推进"五位一体"总体布局的重要举措、我国环境立法局面的改观以及各种创新思维的生态环境保护制度等一系列重大的环境保护法制改革措施均转化为法律规范内容。无论环境法学界还是环境保护司法实践领域，都公认这部法律是史上最严厉的环保法律。

（2）2015 年中国通过了"2030 年可持续发展议程"，这是世界上第一个国家级的可持续发展议程。2016 年，我国代表在联合国环境大会上发布了《绿水青山就是金山银山：中国生态文明战略与行动》。2016 年，在由全世界 178 个缔约方共同签署的 2020 年后全球应对气候变化行动的《巴黎协定》（即气候变化协定，是已经到期的《京都议定书》的后续）的谈判过程中，中国做出了积极并且巨大的贡献，引领了《巴黎协定》的谈判。我国对 2018 年联合国大会通过的《世界环境公约》框架内容也明确提出了所坚持的立场和主张。

（3）在执法体制方面，将生态环境主管机构第三次升格为自然资源部和生态环境部。2018 年的机构改革过程中，国家决定组建自然资源部和生态环境部，将过去分散在八个部的职能集中于一个统一的国务院职能部门，统一履行环境监管的职能并且在生态环境保护方面进行了一系列的执法改革，创设了新的更有效的环保制度。

（4）2018 年"生态文明入宪"，成为党中央统筹推进"五位一体"（物质文明、政治文明、精神文明、社会文明、生态文明协调发展）总体布局的重要举措，极大促进了我国生态环境保护法治建设的新高潮并且影响至今。

（5）我国环境司法的专门化有了非常大的发展。2014 年 7 月，最高人民法院成立了环境资源审判庭，到 2019 年 5 年的时间内，全国已经成立了 1200 多个环保法庭，一审案件约 108 万件。2019 年，最高人民检察院专门成立了第八检察厅，负担起环境公益诉讼起诉人的相关职能，推动环境公益诉讼在全国范围内的快速布局。

法治是一个法律思想转化为法律制定再到法律实施的完整过程，法律思想用来指引正确的方向，法律制定是立法技术所体现的国家意志，法律实施是社会关系共同遵守的行为规范和法治的根本目的。立法者不能轻信"本身制定的良好的法律必然会得到社会公众内心的尊崇"，没有广泛的社会公众认知和群众基础，仅靠高超的、合理的法制度本身和动辄归咎于执法不力的表象，无法实现法治的最终追求。对环境法而言，广泛的思想认同和社会基础是由环境保护的公益属性与个人权利的私益属性之间的本质区别所决定的。首先，环境公益是一种抽象利益，不存在确定的实体标准，因为其内容的开放性，导致没有绝对判断结论，而私益的实体规范更加具体明确，是否受到侵害相对容易判断，比如所有权的判定依据既包括民事实体法规范也包括客观具体的法律事实；其次，环境保护领域始终处于多种权利（权力）的动态平衡状态，环境利益主体范围极其广泛，包括对自然资源的分配，其结果往往是不同利益主体之间的妥协和平衡，很难看到权利的绝对实现，而人身权的实现就是绝对权利的实现；最后，生态环境侵权损害具有受害人不特定、长期累积致害、损害行为间接性、因果关系复杂隐蔽性、原因关系合法性等特点，导致监管不及时、对专业技术要求高、长期监测控制、执法成本过高等问题普遍存在，而私益损害的原因查证更通透，损害结果更具体，社会认知力和认同度更高。

　　我国步入生态文明法治建设的新阶段以来，特别注重社会的广泛认知基础和生态环境保护的公众参与程度，遵循"政党—国家—社会"的生态环境法治建设的正确实现进路。通过先进的立法理念、严谨的法律体系规划和高超的立法技术，将中国共产党的正确思想引领和政治正当性转化为国家意志，采取各种积极有效措施，提升了全社会对于生态环境保护与生态文明建设的共同意识，作为国家意识的生态环境法律施行于具有较高水准的环境保护普遍意识的社会中，自然会得到人们的内心尊崇。

第三章　我国生态环境保护的理论发展与理论创新

　　学术研究的根本任务不能仅仅围绕着我国环境法治建设的现实状态进行描述和总结，还应当站在理论的高度为我国环境保护法治实践提供更有针对性的指导原则并匹配更为适当的行为逻辑。历史和经验告诉我们，马克思主义原理是法治建设的理论基础和思想渊源，其为我国环境保护法治建设提供了理论视野和行为方法论，不断学习和实践马克思主义关于人与自然关系的思想，必然将走出一条生产发展、生活富裕、生态良好的文明发展道路。强化生态环境保护、推进"美丽中国"建设是全国各族人民努力追求的目标，全面依法治国、推进"法治中国"建设是党中央治国理政的战略支点，环境保护法治建设正处于"美丽中国"与"法治中国"建设的交点，作为生态文明建设的最重要内容，正迎来新的历史机遇。

第一节　从"环境保护"到"生态环境保护"的内涵演化

　　环境与生态环境的概念在法学语境中并非泾渭分明，我国学界通说对环境的定义为："影响人类生存和发展的由一定数量、结构和层次的自然资源或自然因素（包括大气、水、海洋、土地、矿产、森林、草原、野生生物、自然遗迹、自然保护区、风景名胜区、城市和乡村等）构成的具有一定生态功能的物流与能流统一体。"这实际上是以人为本位的环境概念，但仔细推敲其内容，不难得出，我国关于环境的概念事实上已经包含了生态系统与人类行为相互关系的描述，这也解释了我国理论界和实务界由环境概念过渡到生态环境概念在认识论上毫无障碍的根本原因。作为国内公认的科技概念——生态环境，其概念现在基本得到公认，即"由生态关系组成的环境"，具体是指与人类密切相关的影响人类生活和生产活动的各种自然（包括人工干预下形成的第二自然）力量（物质和能量）或作用的总和。生态是指生物（原核生物、原生生物、动物、真菌、植物五大类）之间和生物与周围环境之间的相互联系、相互作用。当代环境概念泛指地理环境，是围绕人类的自然现象总体，可分为自然环境、经济环境和社会文化环境。具体而言，就是影响人类生存与发展的水资源、土地资源、生物资源以及气候资源数量与质量的总称，是关系到社会和经济持续发展的复合生态系统。生态环境问题是指人类为其自身生存和发展，在利用和改造自然的过程中，对自然环境破坏和污染所产生的危害人类生存的各种负反馈效应。生态环境与自然环境在含义上十分相近，有时人们将其混用，但严格说来，生态环境并不等同于自然环境。自然环境的外延比较广，各种天然因素的总体都可以说是自然环境，但只有具有一定生态关系构成的系统整体才能称为生态环境。仅有非生物因素组成的整体，虽然可以称为自然环境，但并不能叫作生态环境。生态与环境虽然是两个相对独立的概念，但两者又紧密联系、水乳交融、相互交织，因而出现了"生态环境"这个新概念。它是指生物及其生存繁衍的各种自然因素、条件的总和，是一个大系统，是由生态系统和环境系统中的各个"元素"共同组成。

我国最早明确环境保护这一概念是在1973年，国务院召开了第一次全国环境保护会议。会后，转批了《关于保护和改善环境的若干规定》，这是我国首次以规范性文件的形式确认了环境保护的概念。环境保护的法律涵摄（涵摄，是确立生活事实与法律规范之间对应关系的思维过程。法律涵摄，则是将具体的案例事实置于法律规范要件中检验，用以得到是否能够产生权利义务关系的判断）是对环境权的救济。1982年，蔡守秋先生在《环境权初探》中明确指出，"环境权是环境法的一个核心问题，是环境诉讼的基础。"所以，我国早期的环境保护问题实质上就是，法律是否将环境权作为法律上的权利进行保护并如何保护的问题。生态环境作为一个概念最早可以追溯到 1982 年五届人大第五次会议。会议在讨论中华人民共和国第四部宪法草案（现行宪法）和同年政府工作报告（讨论稿）时均使用了当时比较流行的"保护生态平衡"的提法。时任全国人大常委、中国科学院地理研究所所长黄秉维院士在讨论过程中指出平衡是动态的，自然界总是不断打破旧的平衡，建立新的平衡，所以用保护生态平衡不妥，应以保护生态环境替代保护生态平衡。会议接受了这一提法，最后形成了宪法第二十六条："国家保护和改善生活环境和生态环境，防治污染和其他公害。"政府工作报告也采用了相似的表述。由于在宪法和政府工作报告中使用了这一提法，"生态环境"一词一直沿用至今。根据对我国宪法第 26 条中关于生态环境含义的解读，以及这些年来使用生态表征人类追求的理想状态，经常被作为褒义形容词的实际情况，中国科学院地理科学与资源研究所研究员、博士生导师陈百明认为生态环境应定义为："不包括污染和其他重大问题的、较符合人类理念的环境，或者说是适宜人类生存和发展的物质条件的综合体。"但黄秉维院士在提出生态环境一词后查阅了大量上 20 世纪 80 年代以前的国外文献，发现国外学术界很少使用这一名词。全国政协前副主席钱正英院士等在 2005 年发表于《科技术语研究》杂志（7 卷 2 期）的《建议逐步改正"生态环境建设"一词的提法》一文中，转述了黄秉维院士后来的看法，即"顾名思义，生态环境就是环境，污染和其他的环境问题都应该包括在内，不应该分开，所以我这个提法是错误的"，进而提出："我觉得我国自然科学名词委员会应该考虑这个问题。"

但在我国国内，环境与生态环境在各级各类著述文章中并没有严格地进行区别，因为无论是环境的定义，还是生态环境的定义，都是以人本主义为视角界分的，不存在理解上的大相径庭，这一现象直到我国学界开始讨论法国法关于"生态环境损害"的问题，才从侵权法律责任的规范范畴对侵害环境权和生态环境损害进行了结果意义上的初步划分。

2000 年 11 月，国务院印发了《全国生态环境保护纲要》，强调"通过生态环境保护，遏制生态环境破坏，减轻自然灾害的危害；促进自然资源的合理、科学利用，实现自然生态系统良性循环；维护国家生态环境安全，确保国民经济和社会的可持续发展"。这是我国"生态环境"一词第一次出现在正式文件中，这也被许多人认为是 2007 年党的十七大将建设生态文明列入全面建设小康社会的目标，要求"建设以资源环境承载力为基础、以自然规律为准则、以可持续发展为目标的资源节约型、环境友好型社会"的前期思想开拓与理论铺垫。

第二节 国家环境保护义务是履行国家职能的具体表现

从宪法的价值内涵和历史沿革考察，我国现行宪法区别于传统西方国家宪法对公民基本权利的危险防御功能，而是强调国家积极地履行国家职责，创造最有利于生态环境保护的实现条件，这就从法律制度顶层设计的宏观角度充分论证了国家环境保护义务的正当性。

1982 年宪法（即现行宪法）第九条规定，"矿藏、水流、森林、山岭、草原、荒地、滩涂等自然资源，都属于国家所有，即全民所有……国家保障自然资源的合理利用，保护珍贵的动物和植物。禁止任何组织或者个人用任何手段侵占或者破坏自然资源。"这是将环境和自然资源保护纳入国家职责的范畴，同时，宪法第二十六条对环境保护的内涵进行了界定，即"国家保护和改善生活环境和生态环境，防治污染和其他公害……"这两个条款共同构筑了生态环境保护领域的"国家目标条款"——基本国策，对包括立法、行政、司法在内的国家权力具有法律约束力，是我国法律体系中"国家环境保护义务"的宪法依据。这一规范模式在 2018 年宪法修正案中未作任何修改，而是通过"生态文明入宪"强化了公权力在生态环境保护领域的职责，是对上述"国家目标条款"的层次深化和内涵提升。陈海嵩认为，"环境保护的国家义务渊源于现代宪法中决定国家发展目标与方向的国家目标条款，内在地含有对国家权力积极性、主动性的要求，为环境法治发展提供实体法意义上的规范依据。"

国家环境保护义务，不是基于公民基本权利所对应产生的，要求国家作为或者不作为，而是政府履行保护生态环境的国家职责，即国家为了实现社会秩序和最终目标而体现管理职能时的作为或者不作为。这样的国家义务是国家为了实现整个社会的价值追求和最终发展目标对与之相关的所有国家权力的自我约束，不存在为了保障公民基本权利而对应负担国家义务的逻辑推论。如果将生态环境保护国家义务视为对公民基本权利的对应义务，在宪法中规定"环境权为公民基本权利"，不但可能导致政府要面对层出不穷的环境诉讼，更重要的是，用道德论证替代法律论证，无视法律体系的理论基础和制度逻辑，无法在法理上正面回应"政府的生态环境保护职责如何产生并将会怎样发展"的环境法根本问题。"环境权是人类尊严的一种表达方式"，这意味着，适宜人类居住、满足生存与发展需要、令人身心愉悦的良好环境，是人类多方面利益诉求的表达，必然包含主观价值判断的因素。保障人性尊严是现代宪法的灵魂所在，只有在承认并尊重人所固有的尊严的基础上，谈论权利、自由、民主、法治等宪法要素才有意义。但基本权利的核心是个人自由，具有专属性，在社会实践中，更多的是通过个人权利的实现以及救济来体现宪法所对应负担的国家义务。而生态环境权突显不可分性和公共享有的特征，除了与人身权、财产权有关的生态环境之外，还有与之联系不密切的自然资源、生态系统，如果政府仅仅通过救济公民生态环境权的方式实现生态环境保护的目标，那么，更多的与人类活动相比没有那么显性的生态环境如何保护？事实上，国家对于生态环境的保护是以立法规范、行政执法和司法审判三者有机结合的完整体系，这是政府对于国家目的的最终实现而履行由此产生的职责，这才是国家生态环境保护义务的产生基础。

对于生态环境保护入宪的条款定位，主要有三种不同情形。一是"方针条款"，使用抽象模糊且难以确定准确含义的语言方式描述环境保护基本国策条款内容时，可以称之为无法律约束力的"方针条款"。1991年马其顿宪法第8条第1款，"马其顿共和国宪法秩序的基本价值，包括合适的城市与乡村规划以提升人类环境的适宜性，同时也包括生态保护及发展。"从其构成上看，处于宪法（国家的）基本原则和基本任务规范群，可以视为生态环境保护是该国的基本国策。但其人类生存环境通过"合适的城市与乡村规划"加以实现，不但选择手段过于狭窄，无法覆盖人类生存环境的整体需求，且对国家公权力行使并无具体要求，应当属于无约束力的方针条款，只有倡导性的特征。二是"宪法委托"，宪法将环境保护委托给立法者，同时并不涉及行政机关、司法机关等其他国家权力，也不涉及公民的行为。1971 年瑞士宪法修正案中规定，"联邦立法机关应制定法律，保护人及其相关自然环境免遭有害或嘈杂物质影响，特别针对空气污染和噪声。"这种方式的局限性显而易见，其限缩了基本国策的适用范围，宪法没有明确环境保护的具体内容，都将成为立法者"恣意"规范的广阔空间，此种情态不利于社会监督。现实中，环境保护的问题往往并非源自立法的明显疏漏，而是行政权力规制不到位，致使违法侵害生态环境行为屡禁不绝。基于这样的认识，1998 年瑞士宪法新的修正案第 74 条，除了对立法提出要求，对行政规制环境保护的内容也进行了明确规范。三是将环境保护基本国策定位为"国家目标条款"，最具代表性的是德国 1994 年 10 月第一次修订的基本法，其中第 20a 条规定，"国家为将来之世世代代，负有责任以立法，以及根据法律与法之规定经由行政与司法，于合宪秩序范围内保障自然之生活环境。"根据学界通说，这一条款就属于典型的"国家目标条款"。首先，明确了国家目标就是"保障自然之生活环境"；其次，对立法权之于环境保护的作用进行了肯定；最后，将行政规制和司法救济也纳入环境保护的范围，意味着整合了全部国家权力建构生态环境保护体系。

国家环境保护义务的确立，不能径直依据与保障公民基本权利相对应的国家义务体系进行推论证明，而应当从国家任务的实现进路出发寻求逻辑证成。生态环境保护作为基本国策是由宪法所代表的最高国家意志予以确认的，即"国家目标条款"，是对国家权力行使的正当性判断标准。国家环境保护义务内涵包括，一是现状保持义务或称为倒退禁止义务，即国家权力应保证环境状况不继续恶化，不发生倒退，是国家在环境保护领域对人民的基本政治承诺。应当根据社会可持续发展的需要，在生态环境和自然资源领域明确各自的底线并加以制度保障，这符合"国家目标条款"将生态环境与自然资源进行整体保护的立法精神。其核心内容就是，以生态红线制度（将重点生态区域划定保护性红线，区分为重点生态功能区、生态环境敏感区和脆弱区）替代单纯的污染水平控制制度，体现生态环境质量控制的综合性和整体新思路。二是危险防御义务，即针对具有明显、直接环境危害性的"危险"，国家应直接干预进行排除，在现代社会，国家的危险防御范围不仅包括妨害公共安全行为和自然灾害，在环境保护领域又扩展到大气、水、海洋、土地、矿藏、森林、草原、湿地、野生动植物、自然遗迹、人文遗迹、自然保护区、风景名胜区、城市和乡村等整个生态系统的危害行为，这需要行政机关的积极行动在执法领域进行规制，所以，清晰的政府机构职能划分和建立健全责任追究制度尤为重要。三是风险预防义务，在现代风险社会中，破坏生态环境的风险更加不确定，对于科学上不确定性的风险，国家应在合理判断社会所能接受的"剩余风险"基础上，采取适当的预防措施，这要求国家应当制定明确的测量标准，建立环境污染公共监督预警机制，同时，将环境信息公开和吸收公众参与等制度常态化。

第三节 自然资源被纳入生态环境保护范畴

自然资源是"客观存在于自然界中一切能够为人类所利用，作为生产资料和生活资料来源的自然界生成因素的统称"。其高度的公益性决定了，自然资源能否得到高效利用、收益分配是否公平、可否持续循环保持，是关乎国家社会发展和人民福祉的重大公共事务。又因为其权属的不确定性，必然要求国家掌握资源利用的主导权，从全民整体利益的高度出发，制定统一规则，公平、高效、有序地使用自然资源，实现收益最大化。从自然资源的国家所有权角度考察，其对生态环境保护属于基本政策还是基本权利，提供了明确的法理判定。虽然"法的其他部门只是从民法的原则出发，较迟并较不完备地发展起来的，民法曾经长时期是法学的基础"，但从权利救济角度，我国宪法权利不具有可诉性。自然资源的国家所有权不适合套用"国家对国有财产享有占有、使用、收益、处分的权利，是全民所有制在法律上的表现"传统理论，因为这种传统理论依然没有摆脱民法上所有权的权利结构，其本质还是民法物权。自然资源的国家所有权的特征包括：

一是抽象性。其主体在法律上是拟制人格，全民所有制所强调的"全体人民共同所有"中的人民，是一个抽象的政治概念，"是一个不容分割的整体，不确指任何个体。"同时，国家作为一个抽象实体，其自身不具有固有利益，它的利益存在于所有个体之间，国家对公共利益的维护最终还是为了维护私人利益的有效实现。所以，这种抽象性导致其无法成为法律上的适格救济主体。

二是国家所有权的权利行使具有其他任何法律主体所不具备的优越性。因为在现实层面，其他民事主体的所有权救济是依靠私法（民事法律）规定的救济途径实现的，而国家在维护公共财产所有权（公共利益）时，往往将公权力遁入私法领域，大量运用公法规范、利用物权制度路径，强制性地实现利益诉求，但同时，却常常掩盖了其所应当承担的宪法义务。这种权利义务不均衡的权利救济方式在司法实践中是一种常态。

三是自然资源作为客体的不确定性。比如水、空气、矿藏、森林、野生动物、气候都具有一定程度的不确定性，有的是无形的，有的价值不明，有的自我修复，有的转瞬即逝，等等，这都难以认定为传统意义上的物权客体。

四是国家所有权具有公共性，无法基于私法自治原则而行使。公共性决定了国家不能如同物权所有者那样对物进行收益，比如呼吸空气、饮用河水、放牧种植等利用自然资源的活动，都是不收取费用的。而政府对自然资源的许可收费或者环境税收等等，并非来源于物权法上的收益权，而是国家管理公共事务的国家职能，属于公法范畴。至于行使和处分权利，国家所有权的"所有权人"就存在现实阻却。我国生态环境和自然资源的规制基本上都由国务院（最高行政机关）以及各级行政机关具体施行，而不是能够代表国家名义的全国人民代表大会。而实践中，又不是行政机关，而是行政机关的职能部门，如环保部门直接行使权利，这同样也不符合民事代理制度的本质。最重要的，国家所有权无法放弃，这也是区别于民事所有权的显著特征之一。

五是国家所有权救济方式中包含了惩罚性手段。对于违法使用自然资源、破坏生态环境的行为，除了赔偿费用、修复生态环境等民事责任以外，往往对行为人施以行政处罚，甚至追究刑事责任。

六是生态环境自身造成了他人的损害无法得到国家赔偿，也就意味着，国家所有权的不可归责原则对传统的"所有权人负担风险"享有豁免。

七是不同于民法物权的"一物一权"规则，同一自然环境中的物，不但可以存在私法权利，也可以负担公法权力。比如，林木种植业从业者不可能拥有了林权证就可以任意采伐自己种植的林木，因为国家对林木资源也享有管理职责，没有得到采伐许可，是不允许采伐林木的。所以，现行宪法第9条无论从内容，还是所处的规范群（处于基本原则条款部分而不是公民基本权利条款部分）都可以明确，国家对生态环境保护是基于宪法公权力的行使，属于国家职权范围，而不是宪法将国家设定为私法主体而赋予只基于公民（私法主体）享有的基本权利。宪法允许对自然资源的"合理利用"，这种使用权是全体公民所享有的，一般都是无偿的、公共的。比如，河流溪水基于个人生活目的的使用、林木对于清新空气的作用结果、自然景观使得居住环境更加赏心悦目等。

国家运用公权力对生态环境进行保护，不是为了实现对公民个人享受环境权利的法律承诺，而是基于对整个国家社会可持续性发展并保持人类社会活动所必需的人文环境和社会环境之目的所履行的国家职责，是国家职能描述的国家定位及其功能属性后，为了实现国家的根本目的和价值追求，而应当进行的法律所规定的作为或者不作为。这种作为或者不作为的义务从实现目的角度看，很明显地区别于国家为了保障公民基本权利得以实现而对应进行的作为或者不作为，并且在公民基本权利受到损害时提供必要的救济途径，在这种语境中的"义务"其实质是以法律形式确认的国家对公民的承诺。从救济途径的原点角度看，国家对于纯粹的生态环境自身损害（不涉及人身和财产）的救济主体就是国家，救济程序的推动者也是国家，修复受损害生态环境的各种物质条件提供者还是国家，体现出更为主动的国家介入态度，公民在国家预先设定完成的社会条件（物质条件、法律依据）基础上充分行使宪法所规定的基本权利，如果没有权利被侵害的事实，国家不会再主动介入这个领域，而是由认为自己基本权利受到侵害的公民主动提请适用救济途径；从法律依据不同性质的角度看，国家充分行使保护生态环境的管理职能时，更多适用的是公法规范，强调公法对此的规制功能，即使在处理过程中渗透了私法（民法）的思维方式，但也是以行政机关作为合法授权的行为主体主导整个过程，而宪法对于基本权利的保障是配置给了私法（民法等）进行调整，在社会实践层面，更依赖于公民对于个人行为结果的理性预判，并不取决于国家对此进行随时随地的指引。所以，这种只基于国家职权而产生的国家义务并不是对公民基本权利的承诺，而是表明国家对社会可持续性发展和构建良好社会秩序的宏观态度。

在生态文明入宪并成为环境保护基本法的根本原则背景下，生态环境保护法律制度内在逻辑蕴含着优先保护生态环境整体的价值追求，自然保护区作为一般意义上包含大气、水、海洋、土地、矿产、森林、草原、野生生物、自然遗迹等生态环境要素的整体，是生态整体性优先保护价值最优载体。契合生态环境整体性保护的优先性思路，更容易协调对单个环境要素进行法律调整时可能会出现的彼此之间价值取舍上的冲突和优先性的纠葛。生态文明的核心是对人与自然关系的定位，正如党的十八大报告确立的"尊重自然、顺应自然、保护自然"和党的十九大报告进一步明确"人与自然是生命共同体"，都揭示了这一内涵。现行环境保护法在自然保护地方面新创了两个原则，一是"保护优先"，即生态环境保护相对优先于资源开发利用，允许在生态系统的承载能力范围内开发利用环境资源，限制和禁止超过承载能力的开发利用行为。二是"综合治理"，即对生态环境进行整体性保护。生态文明的重要内涵之一就是整体性，这是建立在生态系统各部分的不可分割性和各个环境要素的整体演化规律基础之上的对自然的认知。2015年中共中央、国务院印发的《生态文明体制改革总体方案》提出了"山水林田湖是一个生命共同体"的思想，党的十九大报告指出"统筹山水林田湖草系统治理"，党的十九届四中全会决定提出"统筹山水林田湖草一体化保护和修复"，这些都是整体新理念的体现。自然保护地立法就是以生态环境保护为唯一价值取向，能够有效克服单个环境要素有着各自不同的调整对象和目标等特征上的局限，对于特定区域内相关各类保护措施，能够充分考虑相互间的关系和影响作用，实现共同保护和共同持续发展。最重要的是，自然保护区法是以"调适性"为调整方式，关注的是对行为后果的持续评价和综合考量，只要对区域内生态环境保护的整体目标不具有实质上的妨害，无论行为性质，可以允许，比如，在自然保护区内可以适度开展人类的参观活动、允许低密度低污染度的设备设施建筑物等。所以，自然保护区法是生态环境保护法治建设不可或缺的重要组成部分，对其存在价值的定义，实质上是对生态环境保护的表象的真实描述。

第四节　敦促传统民法和侵权法的价值转向以契合生态环境保护的规范目标

私法上的民事私益无法解释生态环境保护的社会公益性质。从比较法而言，私法在生态环境损害赔偿中存在两种解释路径，一种是公法和私法并行救济，扩张既有权利（所有权、健康权）涵摄、重新界定损害范围、在法律责任的范围层面容纳生态利益。另一种是私法救济优先，创设环境权或者环境新秩序，在法律责任的成立层面涵盖生态利益。我国环境法学传统上采纳第二种方式。而《中华人民共和国民法典》和《生态环境损害赔偿制度改革方案》以扩张损害概念为基本思路。最早是以环境权为基础，探讨生态环境损害问题的代表学说。蔡守秋等学者认为，环境权包括国家、法人、公民使用和享受自然环境条件的权利。申卫星认为，环境权应当是与财产权、人身权并列的权利。如果污染者的侵权行为造成了财产损害或者人身损害，则不构成环境侵权（即损害对象并非针对环境权）。陈泉生认为，环境权本身与财产权、人身权相同，均可作为侵权法所保护的权利（不言自明的含义是，环境利益乃至生态利益都是环境权的客体，生态环境损害可以通过环境权受侵害的思路获得救济）。房绍坤很具有代表性的一个观点是，环境权属于全体公民。之所以没有将环境权上升为国家职权的一个重要原因是，当时的学说并没有划分出环境公益和环境私益。

上述观点的内涵在司法实践中也得到回应。北京市第二中级人民法院做出的（2005）二中民终字第 11779 号民事判决书中，第二审法院认可了第一审丰台区人民法院认定的"从保护公民环境权的角度出发……长期噪声超标的住宅生活环境严重干扰和影响了原告一家的正常生活、工作、学习、休息和身心健康，对原告的环境权益造成严重损害，即使没有造成实际经济损失或医疗仪器暂时检测不出原告身体的损害后果，亦应作出相应赔偿"说理部分。明确了两个重点，一是环境权可以属于个人所有，二是环境权保护的范围是不同于财产权和人身权的环境权益、生态权益。

环境权的主体范围界定体现在司法实践中，实质上就是诉讼主体范围界定，这也就决定了，程序法学者对于生态环境损害与一般侵权损害的明显差异所衍生出来的诉讼主体扩张问题（即由个人环境权向国家和公众环境权的发展）给予了最先的关注，并进行了环境公益诉讼和环境大规模诉讼的大讨论。21 世纪以来，环境法学界开始对"环境权能否成为独立权利"进行了反思，尤其是对其能否成为独立的民事权利提出了广泛质疑。朱毅提出，环境权是一种公益性权利。徐祥民进一步指出，人类环境权不能归属于个人，个人只能享有财产权与人身权等权利，换言之，环境权不是私法中的权利，也不能得到侵权法的救济。虽然我国侵权责任法第 6 条概括规定了权益，但学说层面却致力于权利和利益的区分，比如，葛云松认为，一般侵权的保护客体为绝对权。

2002 年 11 月发生的"塔斯曼海"油轮溢油事件成为我国学说区分环境公益和环境私益的肇始，环境公益属于不特定多数人，环境私益属于个人权利，等同于所有权、人身权。源于法国的生态环境损害概念开始被关注，将生态环境损害定义为环境本身遭受的损害。从"民法典草案"制定开始到现在，学界通说已经摒弃了环境权作为生态环境损害赔偿的理论基础，而是强调生态环境是一种社会公共利益，即将生态环境损害作为有别于人身损害和财产损害的独立的第三种损害。竺效、吕忠梅等学者认为，生态环境损害必须通过侵权法以外的方式加以救济。具体而言，从"质"的方面，生态环境损害是整体环境的损害，以区别于个别环境因素的损害，同时，因为生态环境损害涉及环境公益，同样区别于个人财产和人身损害。从"量"的方面，生态环境具有自我修复能力，因此微小的不利不构成生态环境损害。关于如何建构生态环境损害赔偿制度的主流观点认为，生态侵害对象，既包括环境私益，也包括环境公益。环境私益损害赔偿责任由民法调整，环境公益损害赔偿责任应当纳入独立建构的生态损害赔偿体系中加以解决，并且强调，其责任承担方式应当有别于之前的恢复原状的生态修复责任。最终所要实现的目的是，将生态恢复到与受损害之前相接近的状态。主流观点虽然区别了生态环境损害责任与侵权责任的不同，但救济手段仍然是通过民事公益诉讼的方式，这实质上明显地体现了传统环境权理论在建构生态环境损害制度中的消极影响。现行的司法实践事实上一定程度上支持了刘静提出的救济思路，即生态环境损害责任首先应当以公法救济为主，污染企业承担修复生态的行政义务。如果行政机关不作为，则可以由环保组织或人民检察院针对行政机关提起环境行政公益诉讼。另外，生态环境损害诉讼是行政机关以民事诉讼的方式向污染者求偿修复费用，是一种与公法责任相配套的手段，以法律规定的其他组织（环保组织）和人民检察院提起的环境民事公益诉讼为补充手段。

传统民法和侵权法等保护私益的法律规范在应对生态环境保护时，存在着与生俱来的缺陷：

（1）民事法规是规定私人与私人之间法律关系的法规，目的在于保护个人权利不受其他个人的侵害。然而环境保护的标的——自然环境本身——除土地、森林、动物以及水权等部分自然资源以外，原则上大部分无法归属为某个人或者某个组织的权利。

（2）民法规定原则上尊重当事人的约定，只有在当事人没有特别约定时才有适用。因此以民法为环境保护工具的功效往往视人民使用民法的意愿与能力而定。如果受到一些补偿就宁愿放弃权利或者权利受损时也只想和解了事或者甚至不清楚个人权利所在，或者虽欲维护自身权利但无法负担诉讼费用，都会导致放弃救济。

（3）民法上的损害赔偿请求权的观念本来就是建立在侵害者（主观上）

的过失、受害者（客观上）受到损害的事实以及侵害与受损之间的因果关系上。然而环境被破坏的后果有时无法归咎于某个人，有时无法证立因果关系，有时主观过失无法印证，往往还存在着事后无法弥补或者无需弥补，生态自然恢复的情况。

（4）民法赋予权利人防止其权利受到侵害以及除去侵害之请求权，但如果对环境进行的行为属于行政许可的范围，其请求权是否实质上符合民事诉讼的条件，即环境保护请求权私法与公法之间必然存在冲突。

因而，有的学者提出，随着我国民法典编纂和《生态环境损害赔偿制度改革方案》的开展，我国应借鉴法国经验，研究制定《生态损害综合预防与救济法》，同时将《侵权责任法》第八章进行生态化改造后编入未来的民法典。其实证依据源于，我国生态环境损害赔偿体系呈现由日本式以私法为主导的结构原则向德国式的公私混合救济结构原则过渡的整体趋势，侵权法理论更加关注区别权利和利益的分界，日本式增加私权内涵以创造权利的模式必定不会被接受，而通过明晰生态环境私益和公益、扩张损害的概念涵摄、依托现有民事实体法和程序法进行适应性改造以适应生态环境保护的理论创新与实践需求，将是我国生态环境保护体系中法律规范建构的发展进路。在这一问题上，不但司法实践中存在多个典型的以这种精神为指导的判例，需要学理研究稍后对实证数据进行系统化，而且我国民法典草案第 1234 条规定，"违反国家规定造成生态环境损害，生态环境能够修复的，国家规定的机关或者法律规定的组织有权请求侵权人在合理期限内承担修复责任。侵权人在期限内未修复的，国家规定的机关或者法律规定的组织可以自行或者委托他人进行修复，所需费用由侵权人负担。"立法主旨非常明确，就是在生态环境损害的场合，恢复原状优先，以此将生态利益纳入侵权损害的对象范围中。2019 年最高人民法院颁布的《最高人民法院关于审理生态环境损害赔偿案件的若干规定（试行）》，首次将"修复生态环境"作为生态环境损害赔偿方式。但在实践中，这个问题更为复杂，因为在一定数量的自然环境中，生态环境可以通过自我发育实现自我修复的结果。在完全修复成本畸高，不符合比例原则的情况下，由生态环境系统全部或者部分自我修复，其社会效果可能更优于强制损害行为人承担其无法承担的修复成本。司法实践中，人民法院的既有判例也倾向于虚拟治理成本法确定损害行为人应当承担的生态环境修复责任范围。当然，也有的观点坚持等值分析法更加容易得到充分的认定修复责任范围的证据，毕竟，投入成本的计量相对容易换算出具体的数额。

由此可见，传统民法理论和立法规范在应对生态环境损害救济问题时，必然涉及改造自身内容的创造性工作，这是因为，救济个体生态环境权利利益的民事程序需要民法调整；救济公共生态环境权利利益的环境公益程序需要民法转介调整；救济纯粹生态环境自身损害的环境特别程序在公法规制的情境中也不可避免地渗透着民法思维的"磋商前置"程序。既然生态环境损害救济需要民法部门的法律配置，但传统民法内容对于各种前所未有的由生态环境保护所创造的新型社会关系又难以完整涵摄，这一矛盾的解决需要在民法对生态环境救济体系的适用情境中，不断修正固有内容，包括但不限于对民事公益主体与法律关系内容的重新建构、私法控制功能（预防功能）与公法规制功能的有条件转化、证明责任分配原则的厘定、囿于因果关系如何确认而产生的环境侵权规则类推适用、多数人侵权场合下连带责任与按份责任的划分标准、修复生态环境纳入损害赔偿方式时采用的计量方法（资源等值分析法或者虚拟治理成本法）、环境责任保险所需要重塑的公平原则、民事权利与利益在生态环境视野中的显著区别、个人民事权益向公共权益扩张所持有的克制态度等，民法为了适应生态环境救济制度必然需要持续不断地更新自身内容，这也是现今我国生态环境保护体系发展并日臻完善而赋予的时代主题。

第五节 风险社会的生态环境损害责任分担方式

风险社会是人类利用科技从事创造活动而产生的人为风险成为影响人类生活乃至生存和发展的主要因素的社会。大规模损害事件的不断出现，使得"风险社会"被预设为法学论题的社会背景，但现有研究的分析思路都倾向于运用传统的侵权法规范逻辑解决应对大规模损害事件，虽然在侵权法语境下可以处理一些事件，但更多情况下，侵权法与风险社会频繁发生的大规模损害原理之间并不匹配，需要其他社会规制手段协同调整以实现预防和处理之目的。"风险社会"既是一个社会学概念，也是一种社会理论，划分为现实主义、文化主义和制度主义三种范畴，其中，以贝克和吉登斯为代表的制度主义理论最为契合法学研究。风险社会有三方面含义，一是风险社会是指风险成为影响人类生活乃至生存和发展的主要因素的社会；二是它是以人为风险为主导的社会；三是它使 20 世纪中叶以来，社会有机化高度发展的社会，即工业社会风险开始全面支配公共政治和私人讨论，社会整体发展裹挟着科技本身潜在风险，从个体风险转化为社会风险。个体风险，影响范围较小，不具有流动性和传递性，而且有明确的承担主体的风险。如个人风险、家庭风险、组织风险等。社会风险，影响范围较大，具有流动性和传递性，并且没有明确的承担主体的风险。两者紧密联系，个体风险是本质基础，个体能够承担其风险的，不但可以避免转化为社会风险，还可以减轻社会风险，反之，则加剧了社会风险。一般情况下，社会关系越紧密，社会越开放，制度约束越弱，个体风险越容易转化为社会风险。风险社会理论对于调整社会行为规范之一的法律及其观念的影响在于，一是风险社会解决的不是传统工业社会这一前置问题；二是风险社会的风险能够被预见并且可以被有效地治理，具有一定的可控性；三是风险社会不但源于高度发达精细的社会分工，也与经济全球化联系紧密，所以，应当以整体公益导向的法理念而不是个人私益导向的法理念对其进行认知。生态环境损害从成因上看，可以分为事故型大规模损害和活动累积型大规模损害。前者是由具体事故、事件引起的，因果关系明确且证据充分。后者是日常社会行为长期作用的最终爆发性结果，因果关系缺乏直接证据加以证明且依靠包括疫学在内的科学技术发展水平对其存在的可能性进行认知。

我国民法典草案第 1235 条规定了对被损害生态环境恢复原状的费用以及恢复不了时的金钱赔偿，"违反国家规定造成生态环境损害的，国家规定的机关或者法律规定的组织有权请求侵权人赔偿下列损失和费用：（一）生态环境修复期间服务功能丧失导致的损失；（二）生态环境功能永久性损害造成的损失；（三）生态环境损害调查、鉴定评估费用；（四）清除污染、修复生态环境费用；（五）防止损害的发生和扩大所支出的合理费用。"

我国司法实践中，如最高人民法院第二十四批指导案例中第130号，人民法院是以虚拟治理成本法确定污染者的生态恢复责任。根据生态环境部《环境损害鉴定评估推荐方法（第Ⅱ版）》（环办（2014）90号）规定，虚拟治理成本是按照现行的治理技术和水平治理排放到环境中的污染物所需要的支出。适用于环境污染行为导致生态环境损害无法通过恢复工程完全恢复，或者恢复成本远大于收益，即修复费用过高从而构成不成比例的情况。但如果人民法院坚持"生态环境无价"这一法的政策导向，那么就会选择上述方法中的资源等值分析法，即"将环境的损益以资源量为单位来表征，通过建立环境污染或生态破坏所致资源损失的折现量和恢复行动所恢复资源的折现量之间的等量关系来确定生态恢复的规模"，不考虑恢复成本畸高而必须无条件恢复。

基于上述认识，可以得出结论，无论是哪种方法，生态环境的恢复费用相对于侵权人因为侵害环境行为所得收益和侵权人自身负担赔偿责任的实际能力可能是不成比例的，最终会导致侵权人根本无力承担生态环境恢复费用而使得相关规定无法落实，而因为负担意愿和负担能力所导致的生态环境无法恢复或者部分恢复是不能用人身罚、财产罚等强制手段实现的，除此以外，现实中还可以有其他四类情况来分担生态环境恢复所必需的侵权人无法弥补的费用。一是等待生态环境自我恢复；二是行政机关应对紧急事件的专项财政拨款；三是环境保险制度；四是生态环境修复基金。

环境法学者将应对环境风险的制度工具分为七类，分别是：①命令与控制工具（例如最高排污限额）；②设定财产权；③市场杠杆工具（例如设定环境保护税种）；④总量控制下的排放额度交易；⑤信息工具（例如公众知情权、环保等级评定）；⑥采购；⑦保险。依据夏维尔（Steven Shavell）建构模型理论，责任保险能在不削弱责任制度未设立的前提下，使厌恶风险的当事人能够分散风险，从事有益于社会的高风险行为，因为其正当性应予承认，而且这种功效可以通过市场机制自发实现。仅当责任保险的威慑力未能充分实现时（主要在行为人财产不足以承担赔偿责任或者逃避履行义务的情形），才需要公权力介入。生态环境保险制度的价值实现依托于内部制度的规范设计，首先，被保险人因实施危害环境行为而需承担的法律责任除涵盖传统的环境侵权责任外，还应当包括生态环境的自身损害（系统退化和功能丧失），其承保范围的设定取决于保险人对生态环境自身损害发生概率与损害程度的准确预判，2015 年中共中央办公厅、国务院办公厅印发的《生态环境损害赔偿制度改革试点方案》明确要求，2018 年开始在全国施行生态环境损害赔偿制度，并责令环保部门等负责制定生态环境损害鉴定评估技术标准体系框架、技术总纲和转向技术规范。所以，在技术层面，能够满足保险人对于保险"大数法则"更精准的计量、建模、数据分析等测算要求。其次，生态环境保险事故引发的不特定损害中的纯粹经济损失的可赔性与可保的评判，可以通过 2011 年环保部的《关于开展环境污染损害鉴定评估工作的若干意见》（环发〔 2011 〕60 号）的附件《环境污染损害数额计算推荐方法（第 1 版）》中明确的损害数额计算方法，即"环境污染事故和事件造成的各类损害，包括环境污染行为直接造成的区域生态环境功能和自然资源破坏、人身伤亡和财产损毁及其减少的实际价值，也包括为防止污染扩大、污染修复和／或恢复受损生态环境而采取的必要的、合理的措施而发生的费用，在正常情况下可以获得利益的丧失，污染环境部分或完全恢复前生态环境服务功能的期间损害"，由此可见，保险赔付的阈值可以测算的。再次，被保险人的范围可以由社会公认的高危环境风险行业逐渐向外扩张，这一思路在实践中已经得到了印证。最后，保险合同履行过程中的风险控制，可以通过保险人作为利害关系人向负有生态环境保护监管责任的行政机关举报、向人民检察院提出环境公益诉讼申请以及直接向被保险人提出抗辩等方式实现。

在《国家环境保护总局、中国保险监督管理委员会关于环境污染责任工作的指导意见》（环发〔 2007 〕189 号）中，已经正式确认了环境责任保险的理论价值。2014 年修订的环境保护法第 52 条选择了任意保险模式，表述为"国家鼓励投保环境污染责任保险"。2013 年 1 月，环境保护部、中国保险监督管理委员会发布《关于开展环境污染强制责任保险试点工作的指导意见》，第二条明确指出环境污染强制责任保险的试点企业范围，"（一）涉重金属企业……（二）按地方有关规定已被纳入投保范围的企业……（三）其他高环境风险企业……"2020年中共中央办公厅、国务院办公厅印发《深圳建设中国特色社会主义先行示范区综合改革试点实施方案（2020-2025年）》，其中"（二十一）健全生态建设和环境保护制度。支持完善生态保护红线、环境质量底线、资源利用上线和生态环境准入清单等"三线一单"生态环境分区管控体系，开展重要生态空间自然资源确权登记，扩大生态系统服务价值核算范围。支持完善本地清洁能源供应机制，建设能源产业创新中心、创新联合体等平台机构。支持完善产品环保强制性地方标准，建立绿色产业认定规则体系，完善气候投融资机制。推动完善陆海统筹的海洋生态环境保护修复机制，实行环境污染强制责任保险制度，探索建立入海排污口分类管理制度。加快建设国家可持续发展议程创新示范区"首次明确建立全行业的生态环境强制保险制度。"市场机制通常能自发实现责任保险最优效果"的这个夏维尔模型假设，已经不适用于现代经济社会发展现实状况和抽象的生态环境风险，强制责任保险势在必行。

生态环境修复基金构成一般包括，风险业从业者集体缴纳、政府财政经常性项目拨款、社会捐助和保险理赔结转。其中，风险业从业者集体缴纳的依据是，上述群体从该产业未来发展中获得的收益大于其他群体，作为从业人员对于业内行为伴生的风险预判能力和信息获取相较于普通人更为直接，其作为主要的出资人，符合公平和效率原则。政府行使国家保护环境的职责和权力，其作为所管辖行政区划内公共利益的最高代表，环境保护工作应当是其经常性工作的组成部分，作为社会公共财富的管理者，承担修复生态环境的物质成本，其本身也是实现了对社会公共利益的保护。而社会捐助和保险理赔起到了重要的补充作用。

第六节 对以往环境理论的梳理与生态环境
损害概念确认前后的学理研究

基于对生态环境保护国际化的认同，我国很多学者习惯于运用比较法研究的方式，在国际上流行的立法理念与司法实践中，撷取提炼出更符合我国社会实际情况，或者说，更容易被移植和改造的精髓，结合对"法治本土化"的思维过程，最终形成自己对环境问题的理论贡献。虽然诸多学者的理论见地不乏原创性的观点，但是其中很大部分的结论，其被证成所引用的依据中都可能存在着那些"国际上流行的立法理念与司法实践"的影子。所以，在此进行学理研究总结时，是以国际上那些对国内理论发展有较大影响的环境理念与司法实践作为研究对象，撷取其中具有一定代表性的系统观点而不是学者学说，进行了不完全的举示。

所谓的生态环境损害，是我国学说在公私法分离、侵权法理论和环境法理论不断成熟的过程中被逐渐纳入学术视野的。生态环境损害问题的特殊性已经得到公认，生态环境损害是与环境侵权造成的人身损害和财产损害并列的、单纯生态环境遭受的不利益。事实上，我国传统上习惯于用环境民事公益诉讼解决生态环境损害赔偿问题。但在区分了公益与私益、权利和利益之后摒弃环境权概念，又必然地出现了纯粹生态环境损害（不涉及人身、财产）的救济途径如何建构的问题。我国现行的生态环境损害赔偿制度改革是由国家环保政策作为引领，学界与司法实践一直致力于厘清其与先前制度的关系。我国之前的生态环境损害学说一定程度上受到了法国法的影响，并且为国内学界与实务界广泛讨论，成为环境学这个显学的新形态。不但在概念引入的渠道上，我国同德国和日本相类似，就是学理讨论也不约而同地聚焦于"明确其区别于传统的所有权侵害和环境侵权损害，将生态环境损害的概念整合作为第一任务"。原本对与生态环境概念的争议，随着 2018 年宪法修正案对于生态环境保护的确认，即"生态文明入宪"，基本可以告一段落，从侵权损害赔偿的维度考察，生态环境损害（修复）必然独立于环境侵权损害所导致的人身赔偿与财产赔偿之外，三者共同构成了生态环境损害赔偿（保护）的完整概念和全部涵摄。

主张建立包括确保利害关系人参加的程序、关于参加"场所"的保障程序以及程序过程及结果展示程序在内的"正当程序"。吕忠梅教授认为环境权实体法保护上存在着许多不同于传统民法的特殊法律规范，必然要求相应的不同于普通诉讼法的程序法规范加以实现。我国环境侵权受害人通过诉讼途径获得权利救济困难重重。环境民事权利的司法救济在于实现侵害排除和损害填补，前者为事前预防性救济方式，后者为事后补救性救济方式，两者需要紧密结合。她选择的具体救济途径则以民事诉讼为主。对于环境民事诉讼制度存在的问题，一是与中国现行的民事诉讼制度整体相关联的当事人主义观念没有贯彻好、诉讼结构不合理、缺少技术性规范、法官缺乏中立性和独立性保障制度以及物质支持制度等，二是环境民事诉讼主体范围没有廓清、环境诉讼证据规则没有厘清以及环境诉讼的"场所"的多个保障概念没有澄清。

主张以美国的公民诉讼制度作为可参照的立法例，通过法的移植借鉴到我国环境公益诉讼制度的建设中来，并通过检察机关提起环境民事公诉和环境行政公诉的方式对侵害环境公益权利的加害人以及对环境公益保护失职的行政机关进行法律监督并申请启动司法审查程序。环境问题的严重性以及环境社会利益对人类生存发展的重要性迫使我们重新考虑传统程序救济机制的合理性，对不同层次的环境利益予以相应的救济，建立和承认更有利于保护环境社会利益的诉讼制度已经成为现代社会的现实要求。环境公益诉讼包括环境民事公益诉讼和环境行政公益诉讼，丰富了诉讼发起人的范围，将国家检察机关纳入到公益诉讼的主体中，以行使国家监督权的职责为行为依据，更为有效地实现环境公益诉讼制度。

在救济途径方面，除了民事诉讼、行政诉讼等传统途径外，环境侵权救济因其属于严重的社会性权益侵害、具有高度的科技性并与环境污染防止以及生态保护行政管理活动密切相关，而自然资源所有权、使用权的权属纠纷，则因其与自然资源行政管理机关的管理活动密切相关，可实行行政处理与司法处理相结合的救济途径。建立通过行政途径和司法途径赔偿环境侵权损害、排除环境侵害的环境侵权救济"双轨制"，受害人既可以请求主管机关对环境侵权纠纷进行处理，对处理结果不满时再提起诉讼，也可以直接向法院起诉，从而尽可能地保护环境侵权受害人的利益，维护社会公平和秩序。

降低生态环境侵权损害行为与结果的因果关系证明标准已经是理论界和司法实务界的共识。德国学者马克西米利安·福克斯检视德国的环境侵权救济理论，认为因果关系的推定在环境侵权受害人在其承担的证明责任范围内应当得到充分的体现。如果当事人一方（受害人）缺乏特别的专业知识，并且不了解设备具体的运营过程以及各种物理或者化学变化与法益损害的联系，那么，他也只能是在案件中陈述自己的推定，在诉讼程序中，不能对这样的当事人提出过高的举证要求。不能因为其他造成损害的原因与主诉的损害原因并存而要求其承担，在排除其他可能的损害原因的基础上精确地证明主诉的原因与损害的后果存在事实上的因果关系。其实质是降低了环境侵权受害人的举证难度。

对原告资格的放宽。美国学者 Gerry 在公共妨害导致损害赔偿诉讼中，原告资格依然实行传统的"不同类型损害"原则，而在禁止或消除公共妨害之诉中，抛弃了上述妨害法传统，仅仅要求原告达到通常诉讼资格即可。美国的环境侵权救济法律制度作为普通法的一部分，救济方式包括金钱赔偿和发布禁令。普通法中的妨害法（Law of Nuisance）对受害人提起民事诉讼以寻求救济的公共妨害部分以及私人妨害提供了重要依据，被认为是"普通法对环境保护的贡献"，公民对公共妨害提起衡平法救济之诉不再受传统原则的限制。个人可以针对公共妨害提起禁止或消除之诉，而环境污染多表现在公共妨害，因此公共妨害法在环境救济领域得到广泛运用。私人妨害的救济自 1848 年之后被允许以一诉合并提起普通法上的损害赔偿与衡平法上的禁止命令，改为"单轨制"的救济方式。公民环境诉权的深度超过了我们所熟知的环境法中"公民诉讼"，利益均衡理论在自由裁量时发挥着巨大的作用。

对于环境公害应急措施制定和执行应当由行政机关负责完成，但基于公法传统的行政紧急权力理论无法对行政机关应急行为进行有效的监督和制约。采用"以权利制约权力"的思维进路，会导致在常态化的法律秩序中产生积极效果，却无法在非常规的环境突发事件中实现同样的效用。采用"以权力制约权力"的思维进路，可以运用公法的"帝王原则"——比例原则，控制行政裁量权的适用范围和强度。同时，需要在国家环境保护义务的基础上，对"保护不足"和"过度侵害"的问题加以解决。日本学者朝海一雄认为，公害的救济手段具有多样性，如基于侵权行为法通过法院提供民事救济，通过受害人与公害源签订公害防止协定提供救济，通过行政法上的变更计划命令、改善命令、设施停止使用命令以及行政案件诉讼法上的撤销诉讼等提供救济。因产业活动等人为原因造成环境污染所导致的，与人、物或生活环境相关的损害，通称"公害"。其公害法尤其是公害救济理论、判例和立法堪称世界上最为进步、完善的。由于日本民法典将民事救济的两种基本方式——损害赔偿与侵害排除分开，所以环境的民事救济也反映了这一特点。但是，对于多个污染源造成的复合性污染的侵害排除，主要通过行政控制的方法实现，虽然原则上受害人可以请求法院基于利益均衡等依据排除侵害，但是由于存在着请求意指不特定、无法强制执行和代替执行而出现理论受到欢迎和支持，而司法审判不予认可的情况。所以，对环境公害应急措施的外部监督应当考虑通过司法审查的方式来完成。环境公害应急措施属于具体行政行为，符合人民法院受理行政案件的管辖范围，同时，对于具体行政行为所依据的各种应急性质的规范性文件，司法审查的实质是对行政机关行使行政裁量权是否具有合理性的判定。人民法院可以通过判决强制要求行政机关修改应急性的规范性文件内容，要求履行环境保护的法定职责，从司法救济途径纠正"保护不足"的问题。同时，以较低强度的"最小司法审查"为原则，评判是否具有合理性，是否违反了社会公众的一般认知标准而构成行政裁量权的滥用。依据2017年《中华人民共和国行政诉讼法》第七十条规定，"行政行为有下列情形之一的，人民法院判决撤销或者部分撤销，并可以判决被告重新作出行政行为：……（六）明显不当的。"决定是否撤销应急措施。

关于环境问题的研究工作，在国内是以建构一个更为宏观的环境法理基本框架作为追求目标，无论从环境侵权的特殊性对救济程序的特殊要求，还是环境公益的私权化及环境公益诉讼的确立都是从全局性的角度考察环境法现有体系，以推动确定环境法基本原则为特征，高屋建瓴地指出了环境法律问题的研究方向和基本设想，存在着"所有微观的建构都可能与宏观的基本认识有内在的联系"，这一指引式的逻辑导向。这种体系性的分析将明确基本发展方向，确立方向上正确与否的判断标准。在一些问题的提出与解决上，也只是前沿性问题的阐述，而不是将尚不成熟的想法霍然端出，不仅体现了严谨的研究作风，也为后续的研究工作奠定了坚实的理论基础。而国外更注重在微观层面和操作层面的问题解决，对现有的环境保护制度进行了抨击，用大量的事实说明治理环境在制度上的先进性不复存在，需要从人类的社会行为角度重新审视运行中的环境法律制度。无论是德国的降低环境侵权受害人证明标准，还是美国的环境公民诉讼制度，抑或日本将公害法理念作为专门解决环境侵权问题的思维进路，都强调了行政行为与民事救济的协调与配合。这是环境侵权救济理论与程序设计的必然思路，具有一定的先进性和合理性。但与此同时，环境侵权的行政保护与民事救济之间如何明晰法理界限，避免相互掣肘，如何加强环境侵权民事救济的特别性和适用性也是环境侵权领域的研究关键和发展趋势。

公法与私法协动是生态环境损害救济相关学说发展至今的新的理论高度，必然成为今后很长时间内生态环境保护立法的核心理念。其最终形成的结论是建立在区分了生态环境损害救济的三个相互联系的法域基础上，将生态环境损害行为导致的个人环境权（人身和财产）被侵害而提请的救济途径归属于普通民事诉讼程序；将生态环境损害行为导致的公共利益被侵害而提请的救济途径归属于环境公益诉讼这一特殊的民事程序；将生态环境损害行为导致的纯粹的生态环境自身损害而提请的救济途径归属于各级人民政府以及其指定部门的行政管辖范畴，即通过公权力的行使进行规制。这种理论事实上就是对公法与私法协动提供了重要的认知前提，但如何进行有效的协动，公法与私法在生态环境损害救济中所处的地位和作用，在理论界又产生了如下分野：

一是以私法调整为生态环境损害的主要救济方式，调整范围涉及个人环境权利利益和公共环境权利利益，只有纯粹的生态环境损害救济导致其自身（不涉及人身、财产、公共利益）损害的，才由公法进行救济。

二是将整个生态环境保护领域纳入到国家职权（自然资源及其他社会环境公益）的视野内，大量援引公法原则和规范体现国家意志，只有涉及个人人身权或者财产权被侵害的场合才适用私法进行救济。

我国学界更倾向于私法对于生态环境保护的预防功能（控制功能），相信在生态环境损害救济行为中，私法对社会个体的不同主体的同一性质行为能够发挥有效的"聚合作用"，将许许多多个案中的生态环境损害赔偿，通过数量的累积，成为某个方面的社会现象，通过法律调整固定成一种通行的规范手段和程序，实现量变到质变的逻辑转换，进而促进生态环境保护制度中被授权管理的行政机关积极作为，以弥补行政机关在生态环境保护更宽泛范围上的遗漏。应当说，这种救济思路契合了当下我国生态环境损害救济的现状。学说的共同理性认知推动了立法体系的完备，立法规范的内容对学说结论给予了充分的正面反映。

《中华人民共和国环境保护法》第58条规定，标志着生态环境公益诉讼的正式建立，也终结了当个人环境权必然涉及到公共环境利益领域时，应当以个人权利主张直接替代公共利益，还是保持对权利边界的审慎克制的态度，以及公权力是否对此进行规制以遏制个人环境权的无限扩张的学界争论。

最高人民法院于2019年6月颁布的《最高人民法院关于审理生态环境损害赔偿案件的若干规定（试行）》明确了可以提起诉讼的三种具体情形，并且对原告的资格加以确认，由此可见，这是最高司法机关对2017年中共中央办公厅、国务院办公厅的《生态环境损害赔偿制度改革方案》的回应，如果说《生态环境损害赔偿制度改革方案》标志着全面建设生态环境损害赔偿制度的确立，那么，《最高人民法院关于审理生态环境损害赔偿案件的若干规定（试行）》就是对生态环境损害赔偿制度的司法保障。为无关个体环境权和环境公益，纯粹生态环境被侵害导致的自身损害的生态环境损害赔偿案件中公权力主导的救济行为提供了环境民事特别程序这一救济途径。

2018年施行、2020年修正的《最高人民法院、最高人民检察院关于检察公益诉讼案件适用法律若干问题的解释》已经进行了积极探索，在积累了一定经验的基础上，将环境民事公益诉讼与环境行政公益诉讼都纳入生态环境公益程序中进行调整适用，同时，强调了以环境行政公益诉讼为核心的构建理念，充分发挥了检察机关作为当下唯一适格的环境行政公益诉讼主体所应当具备的监督职能。

2020 年颁布的《中华人民共和国民法典》第七编"侵权责任编"的第七章，用了 7 个条款对生态环境损害问题进行了明确规定。并在传统的民事责任承担方式以外，增加了"修复生态环境损害"的新内容，详细划定了环境公益诉讼的诉讼主体和赔偿范围，特别是对生态环境损害赔偿案件中最突出的证明责任分配原则以及连带责任和按份责任的关系等问题制定了属于我们国家特有的"中国方案"。对于生态环境损害行为导致的人身权和财产权等个体权利利益所遭受的结果，以现阶段法律制度最完备的规范体系进行了最充分的保护。

第四章 生态环境保护制度体系的建立与发展

自 20 世纪 70 年代以来，西方发达资本主义国家开始流行"绿色资本主义"的理论，其思想核心是鼓吹通过自由市场（环境许可交易）与技术进步（环境保护措施）相结合就能有效地解决社会发展与生态环境之间的矛盾关系，部分认同人与生态环境是一体的观念的同时，却践行着人与生态环境相对立、本国人与他国人所处环境相割裂、国与国之间所处不同发展阶段相忽略的表征。近年来，西方发达资本主义国家通过"自由贸易"向发展中国家出口污染物进行污染转移；以无力解决为理由，以欠缺公信力的污染评估报告为结论径直向海洋大气排放高度污染物；刻意打造环保先锋人设，压制发展中国家的经济发展，这实质上根源于资本主义对利润的无限追求与生态环境的有限性是不可调和的根本矛盾，无法由其自身加以解决。我国在实现环境保护法治建设进程中，形成了完整的、自主性的理论体系与法律制度，是我国宪法中的"国家环境保护义务的履行和实现"这一核心任务的制度性变迁经历，具有强烈的中国特色。

根据 2014 年环境保护法之规定，环境是指影响人类生存和发展的各种天然的和经过人工改造的自然因素的总体，包括大气、水、海洋、土地、矿藏、森林、草原、湿地、野生动植物、自然遗迹、人文遗迹、自然保护区、风景名胜区、城市和乡村等。考察这一概念可以得出，单一要素无法构成环境本体，诸多要素协调共存、运行平衡，才能组成完整的生态环境系统。所以，生态环境损害行为对某个系统内部的要素侵害结果可能只是污染或破坏这一要素，实际引发了对整体生态环境的危害改变以及生态系统服务功能的退化丧失的"投影"，甚至是一种"假象"。所以，生态环境侵权损害救济制度的复杂性导致原有的单一法律技术规范无法全面、彻底地涵摄这一领域，必须有赖于专门性规范群加以系统化的规范进行调整。

第一节　宪法对生态环境法治建设的指引作用与具体制度的实现

孙宪忠指出，社会主义理想并不是限于社会主义国家范围内的意识形态，而是国际性的普遍存在。社会主义理想所涵蕴的对社会公共利益的保护和对公平正义的追求，具有深远意义的、普世的价值观，是现代文明社会（国家）的共同追求目标。而生态环境保护必然要求国家的积极干预，以实现这一崇高目标。随着生态环境问题的出现，强化国家控制和干预的必要性与紧迫性也日益凸显，如何强力介入这一传统的自由权利领域，如何对传统的自由权利进行压缩，如何重构传统的自由权利的阈值，如何将政治正确性纳入法制体系，转化为国家意志，是宪法的最重要内容。权利作为规范不能同化为价值，前者是义务性的，后者是目的性的，但生态环境保护的现实利益又要求我们必须在衡量不同价值取向之后给予其一个必要的宪法定位。在法治思想贯穿整个社会意识形态的今天，一切重大的法律命题与权利都应当而且必须从国家的根本大法中确定合法性。环境侵权救济程序概莫能外。从供给－需求的角度考察，宪法确认生态环境保护的国家义务对整个环境法体系的供给起到统一的引领作用，刺激社会公众对于生态环境保护的有效需求，指导人们选择更为有效且高效的救济途径，这同样也是宪法的使命。

我国宪法首次对环境保护内容加以规定，是1978年宪法第11条第3款，"国家保护环境和自然资源，防治污染和其他公害。"也就是说，环境保护出现伊始就是基本国策的性质，因为其条款位置位于"对社会主义经济制度"的规范群中，所以，一般认为环境保护是经济制度建构的有机组成部分和必要补充。

这一条款和蕴含的思想也被现行宪法（1982年）全部承继，但将环境保护和自然资源保护通过不同条款进行了立法技术拆分，扩充了环境的内涵，充实了保护的对象。至2004年宪法修正案，第九条，"矿藏、水流、森林、山岭、草原、荒地、滩涂等自然资源，都属于国家所有，即全民所有；由法律规定属于集体所有的森林和山岭、草原、荒地、滩涂除外。国家保障自然资源的合理利用，保护珍贵的动物和植物。禁止任何组织或者个人用任何手段侵占或者破坏自然资源。"第26条，"国家保护和改善生活环境与生态环境，防治污染和其他公害。国家组织和鼓励植树造林，保护林木。"由此从宪法规范上，确认了"生态资源保护"这一通用概念的内涵和外延。

1979年，我国颁布了《中华人民共和国环境保护法》（试行），1982年对现行宪法中有关环境保护的内容（第11条）进行了强调。同年，制定了《中华人民共和国海洋环境污染保护法》。1984年制定《中华人民共和国水污染防治法》、1987年制定《中华人民共和国大气污染防治法》。在自然资源方面的专项立法包括，1984年《中华人民共和国森林法》、1985年《中华人民共和国草原法》、1986年《中华人民共和国渔业法》《中华人民共和国矿产资源法》《中华人民共和国土地法》、1988年《中华人民共和国水法》、1989年《中华人民共和国野生动物保护法》。

从1989年开始，环境保护意识在社会上有了广泛的思想基础，以《中华人民共和国环境保护法》的颁布为契机，开启了我国环境保护制度与国际环境保护立法同步的建构道路。同年制定《中华人民共和国水土保持法》、1995年制定《中华人民共和国固体废物污染环境防治法》、同年修订了《中华人民共和国大气污染防治法》和《中华人民共和国水污染防治法》、1996年制定《中华人民共和国环境噪声污染防治法》、1996年《中华人民共和国矿产资源法》、1997年《中华人民共和国节约能源法》、1997年《中华人民共和国防洪法》、1997年《中华人民共和国防震减灾法》、1998年《中华人民共和国土地管理法》、1999年《中华人民共和国气象法》、2019年《中华人民共和国清洁生产促进法》、2019年《中华人民共和国环境影响评价法》、2019年《中华人民共和国草原法》、

2019 年《中华人民共和国水法》、2019 年《中华人民共和国防沙治沙法》。

现在环境学界与司法实务界极度关注的生态环境损害的专门性法律规范体系结构已经初见规模。2018 年宪法修正案不但完全继承了 2004 年宪法修正案第 26 条关于生态环境保护的基本国策和规范内容，而且以第 89 条第一款第六项"国务院行使下列职权：……（六）领导和管理经济工作和城乡建设、生态文明建设……"明确授予国家最高行政机关以生态环境保护的行政权力，属于典型的规制型立法。这也是对 2015 年 5 月 5 日中共中央、国务院联合印发的《关于加快推进生态文明建设的意见》这一继中国共产党第十八次全国代表大会和中国共产党第十八届中央委员会第三次全体会议、第四次全体会议对生态文明建设作出顶层设计后，中央对生态文明建设的一次全面部署的立法回应和宪法确认。作为整个环境部门法的基本法——环境保护法（1979 年制定草案，1989年正式通过）在 2014 年修正案中对生态环境保护制度进行了全方位的充实与创新，开始尝试建构"立法规范""行政执法"和"司法救济"三位一体的国家保护生态环境的制度体系，而且对危险防御和风险预防进行了详细具体的规定。

2017 年 3 月 15 日制定颁布的《中华人民共和国民法总则》在基本原则部分的第 9 条规定，"民事主体从事民事活动，应当有利于节约资源、保护生态环境。"据此应当明确，我国已经将生态环境保护纳入到民事法律调整的范围内，为之后的救济程序建构提供了实体法的规范供给。2016 年 6 月第十二届全国人民代表大会常务委员会第二十一次会议初次审议之后进行公开征求意见的民法总则（草案）第 160 条第 5 项将"修复生态环境"作为一种新的民事责任承担方式，这也契合发达国家对生态环境遭到破坏之后要求行为人履行赔偿义务的一种流行观点。但 2016 年 10 月第十二届全国人民代表大会常务委员会第二十四次会再次审议之后进行公开征求意见的草案第二次审议稿中删除了"修复生态环境"这一新型民事责任承担方式。这一反复过程，说明了民法总则对生态环境损害赔偿问题的积极回应，也说明了立法的严谨性。

"修复生态环境"作为新的民事责任承担方式，来源于对最高人民法院之前的两个司法解释的解读，在最高人民法院《关于审理环境民事公益诉讼案件适用法律若干问题的解释》（法释〔2015〕1号）第20条第1款规定"原告请求恢复原状的，人民法院可以依法判决被告将生态环境修复到损害发生之前的状态和功能"，本条第2款明确使用了"生态环境损害"概念并规定了相应的赔偿办法（生态环境修复费用），"人民法院可以在判决被告修复生态环境的同时，确定被告不履行修复义务时应承担的生态环境修复费用；也可以直接判决被告承担生态环境修复费用。"最高人民法院《关于审理环境侵权责任纠纷案件适用法律若干问题的解释》（法释〔2015〕12号）第14条规定，"被侵权人请求恢复原状的，人民法院可以依法裁判污染者承担环境修复责任。"但正是因为没有民法总则的规范认定，上述两个司法解释中的"修复生态环境"只能暂时被看作是对传统民事法律责任"恢复原状"方式的扩张性解释。

"然而，所有这一切都无法改变这样一个事实，即一部宪法，从根本上来说，乃是建立在一先行存在的法律系统之上的一种上层结构，其目的在于用组织的手段实施那个法律系统。尽管这种宪法一旦得到确立便似乎获得了逻辑上的'首位'（primary），亦即由此以后其他规则须从该宪法中获得其权威性……"正因宪法有着如此重要的根本法地位，所以是检验其他法律法规"合法性"的唯一标准，即以合宪性来考察其他法律法规存在宪法意义上的确定性。

宪法权利都是抽象层面上最好的认知结果的法律认可，彼此之间没有价值高低的区别，理想状态是权利都能够得到实现。但在实现中，权利之间必然存在着相互制约、相互影响的现象，那么，只能在承认现实条件的前提下，尽最大可能衡量权利之间的边际（实质上就是互相限制），以达到其可能达到的"最优化状态"。但这种"最优化状态"必然受制于"权利不得滥用"的法律规则，所以，作为宪法权利规范群中的每一个权利都要求被实现，那么，每一个权利的实现状态肯定达不到某个单独权利创设理念中的"最优化的要求"。为了宪法权利规范群中的所有权利都最大程度地实现，必然需要在权利之间进行衡量，达到"帕累托最优"，而无法达到创设权利时对该权利的假设最优化。由此，我们能够理解，当今社会权利范围不断扩张，权利保护的利益范围不再是传统的生存、自由、安全等等，也包括了衍生出来的各种权利，比如环境权。这些都可以称之为"初步的权利",但拥有了"初步的权利"并不意味着权利拥有者当然地获得了绝对的权利,可以高于其他任何制度性规范并且保证排除所有的侵害。在现实中,不但要遵循"权利不得滥用"原则,在必要时,因为国家利益、集体利益,还需要对权利进行限制。权利作为规范不能同化为价值,前者是义务性的,后者是目的性的,但生态环境保护的现实利益又要求我们必须在衡量不同价值取向之后给予其一个必要的宪法定位。

宪法在我国的法律体系中是一个先行存在的最高级别的上层结构,任何权利一旦被宪法确认,就当然地获得了逻辑顺序上的"第一位",其他法律法规的逻辑顺位必然排列其后。在宪法中确认"保护环境"为基本国策,法理解释为,具有了国家任务的属性并且成为整个社会的任务。这种法律位阶上的优先性和高度并不是每一种社会关系都能够获得的,这是我国环境保护制度的先进性所在。

宪法是根本大法,体现的是国家的最高意志和最终目的。保护环境成为基本国策从法学的角度讲,是在根本法中确认了这一行为在社会任务中的层次,固定了其高阶的地位。"我们或许可以说偏好是由社会情境构成的,而不是由社会情境引出的。"宪法作为国家的根本大法承载着国家发展的历史使命,同时也反映了社会发展的现实命题,即以发展经济为社会进步的主题。我国作为发展中国家,正处于全面发展社会经济的重要历史时期,而环境问题作为经济的负外部性问题时常作为影响经济发展的因素存在于社会领域。世界上许多发达国家已经以破坏环境为基础建立了自己的经济运行体制,维持了一个较高的经济发展水平,与此同时,又以保护全球环境作为借口,要求其他发展中国家为他们的损害环境的行为承担成本,为自己国家的经济发展付出更重的环境保护成本,以此延缓发展中国家经济发展的速度。这种貌似具有正义性的环保主义主张的实质是经济发展的不平衡,导致了对待环境保护的态度和付出的责任方面的极大差异。

第二节 我国生态环境损害赔偿的法制建设

党的十八大以来，我国环境法法治发展进入"快车道"，在立法、执法、司法等多个领域进行全面推进和制度创新。我国环境法已经具备了"回应型法"的基本特征，即为了实现法律目的而积极设计和修正各种政策，遵循了政策先行的导向性原则。2013 年我国环境保护法的修改争议，因为十八大的报告和十八届三中全会《中共中央关于全面深化改革若干重大问题的决定》出台而统一了思想，为环境保护法的修改提供了历史性机遇和良好的外部环境，使其由之前的"法律修正案"转变为"法律修订案"，在立法理念、法律原则、监管体制、制度体系、公众参与、法律责任等方面都取得了较大进步。根据立法机关的权威解释，环境保护法被定位为"环境保护领域的基础性法律"，充分体现了党的十八大关于生态文明建设的精神，也确定了环境政策法律化的发展趋势，是政党意志转化为国家意志的典范。

从党的十八大到党的十九大的短短几年间，通过政策迅速构建起来生态环境损害赔偿的制度框架和精神实质。其中属于国家政策的是《中共中央关于全面深化改革若干重大问题的决定》（2013 年）；属于综合性环境政策的有《关于加快推进生态文明建设的意见》（2015 年）和《生态文明体制改革总体方案》（2015 年）；属于单行环境政策的包括，《党政领导干部生态环境损害责任追究办法（试行）》（2015 年）、《环境保护督查方案（试行）》（2015 年）、《生态环境损害赔偿制度改革试点方案》（2015 年）、《关于设立统一规范的国家生态文明试验区的意见》（2016 年）、《关于省以下环保机构监测监察执法垂直管理制度改革试点工作的指导意见》（2016 年）、《生态文明建设目标评价考核办法》（2016 年）、《关于健全生态保护补偿机制的意见》（2016 年）、《湿地保护修复制度方案》（2016 年）、《关于划定并严守生态保护红线的若干意见》（2017 年）、《关于建立资源环境承载能力监测预警长效机制的若干意见》（2017 年）、《生态环境损害赔偿制度改革方案》（2017 年）。中共中央办公厅、国务院办公厅于 2015 年印发《生态环境损害赔偿制度改革试点方案》（2018 年 1 月 1 日废止），2017 年 10 月印发《生态环境损害赔偿制度改革方案》取而代之，全面构建我国生态环境损害赔偿制度。其中明确了"修复生态环境"这种侵权责任的承担方式，"二、工作原则……——环境有价，损害担责。体现环境资源生态功能价值，促使赔偿义务人对受损的生态环境进行修复。生态环境损害无法修复的，实施货币赔偿，用于替代修复。赔偿义务人因同一生态环境损害行为需承担行政责任或刑事责任的，不影响其依法承担生态环境损害赔偿责任……"。同时对"生态环境损害"概念进行了界定，在其第三部分的适用范围条款中明确，"本方案所称生态环境损害，是指因污染环境、破坏生态造成大气、地表水、地下水、土壤、森林等环境要素和植物、动物、微生物等生物要素的不利改变，以及上述要素构成的生态系统功能退化。"这也是 2017 年 3 月 15 日颁布的《民法总则》没有采纳"修复生态环境"民事责任种类的一个有益补充救济和解决现实生态环境保护问题的规制手段。并且最终国务院获得了 2018 年宪法修正案赋予的对生态环境规制的行政权力。

我国环境保护部为了配套新修订的环境保护法颁布实施而由其办公厅印发的《环境损害鉴定评估推荐方法（第 II 版）》（环办〔2014〕90 号）第 4.1 条将"环境损害"界定为"因污染环境或破坏生态行为导致人体健康、财产价值或生态环境及其生态系统服务的可观察的或可测量的不利改变"。第 4.5 条规定"生态环境损害，指由于污染环境或破坏生态行为直接或间接地导致生态环境的物理、化学或生物特性的可观察的或可测量的不利改变，以及提供生态系统服务能力的破坏和损伤"。将这两个明确的概念与《生态环境损害赔偿制度改革方案》相比较，可以清晰地认定，我国在生态环境保护的立法层面已经确立了生态环境损害是与人身损害、财产损害并列的侵权行为，这也为理论界的争论的最终平息进行了现实的回应。

2019 年 12 月《中华人民共和国民法典（草案）》第七编侵权责任第七章规定了生态环境损害的民事责任构成要件，同时明确了"修复生态环境"在生态环境损害赔偿责任承担方式中的当然地位。

最高人民法院在 2019 年 12 月 26 日发布的第 24 批指导案例（127-139 号）就生态环境损害赔偿和环境民事公益诉讼问题发布了 13 个指导案例，其目的是公示对生态环境损害救济体系的司法实践，并作为以后各级各类法院审理有关生态环境损害赔偿案件的参照。

在《国家环境保护总局、中国保险监督管理委员会关于环境污染责任工作的指导意见》（环发〔2007〕189 号）正式确认了环境责任保险的理念和适用范围。继而在 2013 年，《国家环境保护总局、中国保险监督管理委员会关于开展环境污染强制责任保险试点工作的指导意见》（环发〔2013〕10 号）进一步明确了环境污染强制责任保险工作的试验性开展。对环境污染强制责任保险试点企业范围、保险条款、保险费率、风险评估、投保程序、风险防范、事故理赔机制和公众知情权等内容规定了指导原则。这在事实上，是对我国业已存在的环境责任保险立法规范进行的正当性确认和反映。为履行 1969 年《国际油污损害民事责任公约》第 7 条规定的"船舶所有人必须进行保险或取得其财务保证"义务，1982 年我国在海洋环境保护法第 28 条第 2 款规定，"载运 2000 吨以上的散装货油的船舶，应当持有有效的《油污损害民事责任保险或其他财务保证证书》……"海洋环境保护法第 66 条、《海洋石油勘探开发环境保护管理条例》第 9 条、《危险化学品安全管理条例》第 57 条、《内河交通安全管理条例》第 67 条、《防治船舶污染海洋环境管理条例》第 51 条及第 52 条和第 71 条、《防治海洋工程建设项目污染损害海洋环境管理条例》第 27 条、《太湖流域管理条例》第 51 条、《道路运输条例》第 36 条以及最早的地方立法 2008 年《沈阳市危险废物污染环境防治条例》第 8 条都规定了环境责任保险的内容。但 2014 年修订的环境保护法第 52 条最终选择了任意保险模式，表述为"国家鼓励投保环境污染责任保险"，并未将环境责任保险赋予强制保险的性质。上述这些法律规范事实上已经形成了我国生态环境责任保险制度的体系，成为生态环境保护制度的重要组成部分。

《中华人民共和国民法典》对生态化境保护的规范与重要作用。2020 年 5 月 28 日，全国人民代表大会第三次会议通过了《中华人民共和国民法典》（以下简称"民法典"），这是新中国成立以来第一部以"法典"命名的法律，在中国特色社会主义法律体系中居于重要地位，是一部对于中国特色社会主义法治建设具有现实意义的基础性法律规范。民法典共 7 编 1260 条 10 万多字，是我国法律体系中条文最多、体量最大、篇章结构最复杂的一部法律。民法典有数十个条款直接或者间接涉及生态环境保护，突出体现了"绿色"民法典的重要特征。撷精撮要为：

一、在"总则编"第九条明确规定："民事主体从事民事活动，应当有利于节约资源、保护生态环境。"由此确立了"绿色"原则作为民法基本原则的地位及其对民事行为的普遍指导作用。

二、在"物权编"对物权行使规定了生态环境保护方面的限制性要求。如第二百九十四条规定，不动产权利人不得违反国家规定弃置固体废物，排放大气污染物、水污染物、土壤污染物、噪声、光辐射、电磁辐射等有害物质。第三百二十六条规定，用益物权人行使权利应当遵守法律有关保护和合理开发利用资源、保护生态环境的规定。第三百四十六条规定，设立建设用地使用权，应当符合节约资源、保护生态环境的要求等。

三、在"合同编"对合同的缔结和履行规定了生态环境保护方面的义务。如第五百零九条第三款规定，当事人在履行合同过程中，应当避免浪费资源、污染环境和破坏生态。第五百五十八条规定，债权债务终止后，当事人应当遵循诚信等原则，根据交易习惯履行……旧物回收等义务。第六百一十九条规定，对包装方式没有约定或者约定不明确，应当按照通用的方式包装；没有通用方式的，应当采取足以保护标的物且有利于节约资源、保护生态环境的包装方式。

四、在"侵权责任编"专设"环境污染和生态破坏责任"一章，规定生态环境侵权责任，明确了举证责任倒置、按份责任、惩罚性赔偿以及第三人过错侵权的连带责任等。民法典还将中央确定的生态环境损害赔偿制度改革的实践成果予以法律化，明确规定了生态环境损害的修复和赔偿责任，以及赔偿的形式和范围。这是生态环境损害赔偿制度立法的重大进展，将有力地推动生态环境损害赔偿制度改革。民法典还在"高度危险责任"一章中规定了核事故损害，以及高放射性等高度危险物等方面的民事侵权责任。

此外，民法典还有诸多通用条款，对生态环境保护工作有着重要的规范和指引作用。如第三条规定，民事主体的人身权利、财产权利以及其他合法权益受法律保护，任何组织或者个人不得侵犯。第五条至第八条规定，民事主体从事民事活动，应当遵循自愿、公平、诚信、合法原则。第一百七十九条规定，承担民事责任包括停止侵害、恢复原状、赔偿损失等责任方式。

我国现行的这种由宪法、法律、行政法规、部门规章、司法解释以及最高人民法院指导案例共同建构的规范立法模式，有针对性地解决了生态环境权利确认、生态环境损害赔偿、生态环境责任保险等保护生态环境的法律规范框架结构，并在实践活动中有效地运行着。这意味着，我国的生态环境保护无论从法理上，还是实践中，都已经形成了初具规模的制度体系。

第三节 立法规范与社会关系的供给 – 需求分析

法律的核心之一是如何分配权利，"公共资源是有竞争但没有排他性的物品"，环境作为公共资源，初始分配结果是人人享有。但是在对社会资源和自然资源的使用和消耗过程中，有的人消耗得多，其他人可消耗的相对变少，有的人肆意污染并灭绝性攫取，其他人就没有了可以享用的公共资源。"理性的人"本能地依托公共资源实现利益最大化而忽略考虑公共资源的耗费，因为在现实中，如果不是国家法律或者社会政策强制性地要求其为所消耗的公共资源负担各种成本，那么，他很难产生关注公共资源耗费的动机，而事实上，在绝大多数强调"经济发展优先性"的国家和地区，公共资源的耗费都不会计入经济收入的总成本之中。不珍惜公共资源，过度耗费公共资源，必然产生某一地区、某一种类公共资源耗用殆尽的当然结果。个人权利外延界定不清晰，社会必将承担原本应当由个人负担的公共资源耗费成本，这种社会承担个人成本的方式称之为"搭便车"。更多的个人开始"搭便车"，快速地攫取更大量的公共资源并且向其他尚未"搭便车"的个人转嫁成本，此时，市场经济的权利规则、定价机制、资源配置、价值理论已经无法真实地反映市场规律，"市场失灵"现象自然而然地出现。"公地悲剧"是最能印证上述结论的实例。

1968年美国学者加勒特·哈丁在《科学》杂志上发表了《公地悲剧》一文，从此"公地悲剧"亦称"哈丁悲剧"就被反复地用作论证个人理性行为会导致集体的非理性结果。指明在个人的权利界限没有清晰界定的情况下，社会将要为个人的利益最大化追求负担其个人应当负担而没有负担的成本，同时，每个参与者都有"搭便车"和转嫁成本的诉求和理想并付诸实施。于是，出现了市场经济中权利规则和价格机制无法落实，此时，"市场失灵"出现。公地作为一项资源或财产有许多拥有者，他们每个人都有权使用，但没有权利阻止他人使用它。每个人都倾向于过度使用，导致资源匮乏。过度砍伐的森林、过度捕捞的渔业资源以及污染严重的河流和空气是"公地悲剧"的典型例子。它被称为悲剧的原因是因为每一方都知道资源会因过度使用而耗尽，但每个人都觉得无力阻止局势继续恶化。公地悲剧与英国的"圈地运动"有关。在15—16世纪的英国，草原、森林、沼泽等属已公共土地。虽然耕地有其主人，但在庄稼收获后，围栏被拆除并作为公共牧场开放。随着英国对外贸易的发展，羊业发展迅速，因此大量的羊进入公共牧场。不久，出现了"公地悲剧"。一些贵族通过暴力手段非法获得土地，并开始使用围栏围绕公共土地，这是我们在历史书中学到的臭名昭著的"圈地运动"。"圈地运动"导致农民和牧民失去土地，难以维持生计。历史称它是一个血腥的"羊吃人"事件。但是书中没有提到："圈地运动"的阵痛过后，英国人惊奇地发现，草场变好了，英国人整体的收益提高了。由于土地产权的确立，土地从公共变为私人领土，所有者更有效地管理土地。为了长远利益，土地所有者将尽力保持牧场的质量。土地合并后的生产单位已经发展成为一条大规模的生产线，劳动效率得到了很大提高。

公共物品的非排他性，没有弱化使用中的竞争性，而是弱化了个体对公共物品的权利意识。个体与生俱来的自利性，使其在环境的公共领域更像是一个冷漠的旁观者。权利分配最初的获得者远远要比未获得者对该项权利的评价更高，当然地形成权利意识并且尽力保护，未获得者即使在该项权利被侵害时更倾向于放任与漠视态度。

是法律，而不是市场规律，更能够高效率地规范市场秩序、合理配置资源、保持稳定的发展态势。人类历史上多次经济危机已经充分证明，完全依赖市场规律的调整结果更倾向于"市场失灵"，这也是社会学的"熵"理论中熵增加的必然结果。市场规律并非不能规范市场配置资源，但其一次次循环往复所耗费的时间成本和资源数量构成了极具规模的费用。而冷静观察社会变化并且最充分体现人类理性思维的法律在又一次"市场失灵"之前，预先设定了权利义务的内容，其费用是较低的。人们通过理性的归纳将市场发展方向规范化、制度化，而不是放任感性的市场行为一次次重蹈"市场失灵"的覆辙，这也符合认识论的基本逻辑。当宪法确认了公民对环境权的内心偏好，环境立法的有效需求就可以稳定下来。在相对静态且信息公开的基础上，立法者可以根据环境资源市场分配现状，理性地为环境立法确定供给内容和数量，使环境法制度供给最大程度地匹配环境保护的需要，追求更高的立法效率。宪法的正面表态，能够刺激社会个体"为权利而斗争"，进而提升全社会的环境保护意识。

客观存在条件所建构的外部需求随时影响和改变着内部需求，宪法确认了生态环境保护是国家义务，就是对外部需求与内部需求一致性的最好回应。外部需求在完全的信息条件下能够对内部需求产生积极的、直接的影响，我们所处的这个平行的世界，信息的民主化成为其基本特征之一。相对于人们的阅读能力的数量无限的信息通过广播、电视、互联网广泛传递，人们随时可以听到看到搜索到诸如油轮所载石油在公海泄漏、日本捕鲸船滥捕滥杀鲸鱼等环境信息。英国学者R.R.丘吉尔曾经做过专门的调查研究发现，与经济、社会和文化方面有关的环境权条约包括：《关于经济、社会及文化权利的国际公约》（1966年）、《欧洲社会宪章》（1961年）、《美洲人权公约》（1988年），这些国际公约中包含了有益健康的环境权、良好的工作环境权、良好的生活条件权和健康权。环境权自产生伊始就具备了全球性的特质，它所强调的本质内涵和价值追求基于自然环境作为全人类所共享的公有资源这一客观基础而使得不同国家、不同民族的人们必须形成共同的理念和信念，是在感受到或者意识到环境危害时在自然状态下所产生的权利需求。环境权作为人的基本权利，具有同生存权、发展权同等重要的地位，它是人活着并且能够实现自己价值的当然前提。环境权超越了国别、人种的界限而成为带有普遍性的权利。"法律就是地方性知识，地方在此处不只是指空间、时间、阶级和各种问题，而且也指特色，即把所发生的事件的本地认识与对可能发生的事件的本地想象联系在一起。"不同国家的法律有着其生存发展的"本土资源"，具有基于"地方性特色"的设定内容，也同时固定了一个法律体系内法律需求者的内心偏好。但我们不能把环境权的基本权利属性与设定内容、价值追求和评价标准混为一谈。环境权的哲学命题是，人之所以能活着，而不是人需要怎样去活着。而环境权的设定内容则是，生存的环境权还是发展的环境权；环境权的价值追求则是实现一个较低层次的目标还是一个物质产品丰富的较高层次的目标；评价标准则是适用一套普通的评价标准还是一套严格的评价标准。比如，有人认为轻度的空气污染并不影响自己的环境权利益，最起码没有现实的不利益——因此导致的呼吸疾病的出现，而有的人则认为清洁的空气是自己必须享有的，空气质量的下降即使没有体现在身体机能上，也会因为心理上的憎恶而认为自己的环境权被侵害。上述例子，无论是认为自己权利保持原状的消极反馈，还是认为自己环境权被侵害的积极反馈，都属于对既定权利内容的一种事后评价。而这种事后评价从逻辑顺序上也无法起到否定或者肯定环境权当然存在这一基础命题的作用。所以，"中国的法治之路必须注重利用中国本土的资源，注重中国法律文化的传统和实际。"

　　法律研究中的供给－需求方法主要考察法律规范的供给与社会关系调整范畴内的有效需求之间的供求平衡关系，既存在着法律规范供给对有效需求的刺激作用，也包含社会需求对法律规范供给的迫切需要。法律的供给既以现存的法律为范围，又受到诸如法律效用、立法技术、法律意识、法的预测等因素的影响。与之相对应的法律需求却是不确定的、非市场化的、非物质性的、无法定量分析的，甚至于根本不需要法律的供给——"在那些其成员的社会利益、经济利益差别极大的社会里，处于两个极端的人们都会感到法律与他们没有太大的关系"。之所以有这样的认识，无外乎对于需求主体的偏好无从把握。其实，法律的经济分析不应当囿于盲从全面的经济理论和结论，当经济理论无法把握法律需求时，可以从整个经济发展的态势去判断社会对于环境立法的需求意愿。我们不可能采用简单的问卷调查形式去探求环境资源的享有者的内心意愿与偏好，而且，事实上，由于参与市场的那些"理性"的人们都理所应当地追求利益最大化，在没有任何激励机制的情况下，是否能够真实而不夸张地反映自己的意愿都是个无法证实的问题。

如果缺乏对生态环境法律观的宏观审视，没有对许多生态环境保护理论发展过程中出现的各种问题的充分总结，也没有及时有效地在思想上厘清正确的追求方向。就如同很多人认识的那样，一旦某种新型社会关系或者行为缺少了法律规范的涵摄，那么，就会立刻主张制定新法，专门调整这种社会关系或者行为，却忽略了法律体系内在的逻辑方式和自我调整以适应新的社会情势的可持续发展能力。法律作为社会行为规范之一，经历了漫长的发展变化过程，不同社会类型就会产生不同内容的法律规范，法的内涵、外延、层次、功能都存在着很大的差别，没有必要站在现代去评价以前社会类型下的法律制度孰优孰劣，因为在那个曾经的年代，法律就是那个社会中最优秀的规范社会行为的手段。在人类早期社会中，法、宗教和道德以及其他习惯构成社会行为规范的全部，共同发挥着作用。但现代法治中的法律规范，则是明确独立于宗教和道德的。马长山指出，"肇始于近代西方的法治进程以宗教、道德和法律的相互分离为重要标识，这种分离使得法律上升为独立的、国家的权威性规范体系，而道德和宗教降为一种社会调解手段。"现代法治中的法，在完成了与宗教和道德分立的过程中，也拥有了自身逻辑和本质特征，以法律思维方式（非宗教的、非道德的）分析解决社会问题，是普遍尊崇的法学视角的认知方式。但在生态环境损害问题上，法学研究的"泛道德化"现象却少有旗帜鲜明的反对。以"非人类中心主义"环境伦理学体现得最为突出。其作为一种着眼于抽象价值、以内心自省为主要功能的学术方向，与以清晰表述、普遍强制性、分配权利、保护利益的法律之间距离甚远，不具有互换的适用性。而且，将含义模糊、价值论层面的"自然权利"认作法律权利进而立法保护，则是从所谓的生态视角出发进行抽象的哲学思辨，无视法的社会实践本质而为生态环境等自然存在赋予权利，完全无视权利本身是以人为主体的本质属性。况且，只考虑善恶不考虑权利利益，只谈论目标正义不谈及实现可行，就是最典型的道德思维方式。这也是生态环境研究领域的不正确的认知倾向。包括以价值判断和社会正义为圭臬，忽视制度建设，一旦出现了生态环境损害的新情况、新问题，就主张引入某种先进理念、崇高价值观、创设新的权利进行一揽子解决，而忽视了作为一个调整特定社会关系的规范群内部平衡与固有规则维持，没有任何对新的权利和新制度纳入其中时的不适用性的认真考量。放弃了法学研究对社会关系复杂性和实证分析的基本立场，但凡是生态环境损害行为产生，就一定要予以打击，坚决制止。但这种非此即彼的简单粗暴分类，却往往出现排污企业与社会公众居住环境共生的现象，彼此之间存在着某种互相扶持的关系。况且，从经济发展的大命题角度考察我国现阶段工业发展状态，环境污染问题呈现出逐步控制的态势，而不是"一刀切"式的禁止。这种缺乏对现实社会利益的关注，而将环境问题抽象成价值判断，不啻是对法律问题的"道德审视"，采用的法律手段多以惩罚性、压制性为主，而罔顾生态环境的自我修复能力和社会边际成本与边际收益的诸多要素，是不切实际且收效甚微的举动。

环境问题的解决离不开科学知识，对于复杂的生态环境保护手段，需要依靠科学技术发展不断加以丰富和完善。但单纯的科学知识掌握并不能替代法律论证，环境法规范群也不能以科学原理加法律责任这种简单化的结构构成。究其原因，是将自然规律与法律规则相混淆，缺乏法理上的细致精准分析区别。自然规律是客观存在的现实状态，而法律规则则是人的抽象思维对客观存在的规律性认识。自然规律是长久不变的，法律规则则随着时间空间的转化而不断变化着，这是因为不同类型社会以及不同人类发展时期，社会价值和现实利益都会发生显著变化。而法律规范的最终形成，不仅仅是对自然规律的正确认识，也是在考量了诸多条件要素之后的主观选择结果，两者之间从来就没有完全一致的必然性。法律规则要通过个人社会实践发生作用，既不能违背趋利避害、生存安全、利益衡量、价值追求等社会实践规律，又不能违反普适性、确定性、可操作性、社会物质条件等法律内在要求。德国学者卡尔·拉伦茨在《法学方法论》中明确指出，"法学所要处理的正好不是一些可以量化的问题。任何人如果认为学术的特征在于：尝试整理其研究客体，使其变得可以测量，并因此使其学术成果变得可以计算，那么他自始就必须将法学以及其他许多非（全）依自然科学方式运作的学科，排除于学术领域之外。"同时，在承认西方发达国家生产力水平处于较高水准且开展生态环境保护研究与司法实践较早的前提下，对西方国家生态环境保护理论不加批判地接受，鼓吹法的移植，对西方生态环境保护经验的认识流于表面，仅就制度本身讨论制度，很少主动考察其所依赖的文化传统和社会环境，也就是苏力教授所言的对"法治本土化"的问题不够重视。将西方经验真理化，缺乏全面考察和辩证分析，甚至对于一些本身争议过大而没有形成统一认识的环境理论也径直推广。寄希望于以西方的生态环境保护理论和经验构建我国的生态环境保护法律体系，却不考虑中国社会现实状态和可接受程度。一方面，理论探讨不以实际国情为基础，将西方理论与经验奉为"圭臬"，不认真考察现实的物质生产资料和生产力水平、我国环境问题的特殊性。以西方理论和经验作为中国生态环境保护法律制度建构的标准答案，其研究实质是对西方理论的运用和论证，而不是对我国生态环境实践的总结和认知，阻断了开拓一条属于中国特色的生态环境保护之路。对比西方相对成熟的生态环境保护现状，对我国环境问题严重、法治建设不成熟等诸多表现进行批判，进而得出我国生态环境法律理念不够先进、标准不够严格、惩罚不够严厉、公民环保意识欠缺。于是，针对这些症结提出了解决途径，诸如增加立法数量、更严厉的排污限制、加重法律责任、提升环境教育水平，但与此同时，往往都忽略了当前我国所处社会发展阶段下的环境问题在一定范围内存在的历史必然性及相对合理性。

我国多年以来生态环境法治理论与实践中的成功经验进行总结，形成适合我国国情的生态环境保护思想来源。环境法不同于一般法学的特征之一就是具有"国际性"特点，因为生态环境是全球各个国家都要共同面临的社会问题，是人类社会的共同财产。但环境问题的整体性和共同性只有在抽象层面和终极层面才有意义，在法律视角下各个具体层面和现实层面更具有地方性和特殊性，因为每个国家所面临的具体环境问题并不总是相同。即使对类似的环境保护问题，不同群体的不同环境需求、不同环境利益、不同社会制度，都会导致态度和行动上的差别。没有本土化的思考，完全契合西方生态环境理论，则与法律的"地方性"特征相冲突。同时，生态环境保护还涉及经济发展、资源分配、能源保障、国家安全、权利配置等诸多方面问题，放置在国际生态环境保护的大背景下，往往又牵扯国家利益、强弱对比、资源掠夺等深层次的问题。我们在承认西方国家先进的生态环境保护理论、严格的生态环境保护制度、高昂的污染处理成本、成熟的生态环境保护经验的同时，也应当注意到，西方发达国家所取得的生态环境保护成就是不是在持续向发展中国家推卸各种本应当由其自己承担的环境问题，否则，其在物质产品越来越丰富的同时，工业污染越来越少、国内生态环境持续改善的悖论无法得到合理解释。

法治是一个以立法作为肇始，以施行为目的的完整过程，法律规范体系能够实现逻辑自洽，能够体现现实社会目标，能够在技术表达上更具有科学性，这样制定良好的法律必然得到良好的施行，如果施行效果不佳，法律本身没有问题，那么，只能是执法者的问题和执法环境的阻却。但事实上，不充分考虑社会现实而仅反映立法者的理念，未考量社会公众的接受程度和社会现实利益关系，制定得再良好的法律，也是理想化的产物。生态环境法律体系建构更重视社会条件。这是因为，首先，环境法是社会公益法，所要维护的是不特定人群的环境公益，公益区别于私益就在于，公益是抽象利益、共识性利益，不存在确定的实体标准，也没有绝对的判断权威，内容具有开放性；其次，环境法具有决策风险性，对环境问题的认知受到科学技术发展水平的制约，也就意味着环境法规范内容无法保证完全正确；再次，环境法规范的是权利，衡量的是各种利益，环境保护主体广泛，生态环境保护与自然资源利用之间的矛盾反映在环境利益主体之间错综复杂的利益关系和价值追求，所以必然要求最优化的协调。这种法律规范的合理程度无法保证、利益冲突频发、监管落实困难、社会成本高昂，其施行更加依赖于社会现存的保障条件，然后才是人们发自内心的遵从。制度和权利的创新是对固有法律制度和一贯的法律传统的变革，尤其在面对生态环境保护新形态、新类型的案件层出不穷的严峻态势时，更容易成就这种创造性的推演结论。面对我国生态环境保护的现实问题，有人提出是因为环境立法不完善所导致的，之所以环境立法不完善，源于环境立法过分依托于传统部门法和法思想，没有针对生态环境保护现状的理论创新，法律规范涵摄不足。但任何一个部门法都有其内在的逻辑，作为一个按照某种秩序有效运行的规范群，都存在着某种平衡后的彼此关系。任何法律规范在面对新情况、新问题的时候，不能因为其"新"就天然具备了在原有法律规范基础上新创制度的合法性，将应然规则与法秩序融合，在不轻易改变原有法秩序的情况下解决新问题才是一个规范群成熟的标志。法秩序的变化是一个渐变过程，因为在任何时代、任何社会，新问题、新情况的出现频率都会高于法的更新速度，如果法律应对这些新情况、新问题都要新设制度加以调整适用，这种过激反应也必然影响法的稳定性和权威性。仔细分析环境问题，其实很多都是可以在原有的法律制度框架内加以解决，动辄就建议以新规范取代旧规范，实质上并没有考虑到规范群内部协调的重大问题。法律作为最低限的社会行为规范，仅仅是调整社会秩序的手段之一，也就不可能要求它面面俱到、迎刃而解、疏而不漏地处理生态环境保护的所有问题。法只能规范人的行为，不能触动人的内心；法只关注更为普遍的社会共性问题，无法兼顾个体的特殊情况；法只能保证最低的行为标准，不能达到道德的高标准严要求，也正因为如此，国家强制力保障得以施行的法律才是最具有普遍性、一般性的社会行为规范，才是社会关系中绝大多数人都能够遵从的最低行为标准。法律从规范性质上，是无法解决道德、宗教、风俗、传统、教育、科技等诸多社会问题的，生态环境问题内部的复杂性不能都寄希望于环境法一揽子解决，这种期待违背了法的本质，生态环境损害行为所涉及的民事救济、行政规制、公益诉讼、刑事责任、经济利益等方面，还要依靠其他部门法协同解决。

第五章　生态环境损害救济公益诉讼的构成要素

生态环境公益诉讼对环境侵权救济途径的完善具有重要意义。生态环境公益诉讼理论已为我国学界所广泛认同，一些发达国家的司法实践也验证了其在保护环境方面的积极的效用，明确生态环境公益权利主体地位是建立我国环境公益诉讼制度的首要问题。我国法律在传统侵权理论基础上以环境侵权受害者享有得到救济的资格来逆向定位环境权保护的主体范围，实质上造成了环境权的主体狭义化。原因在于，在现阶段人民法院主管范围内，并不是所有的侵犯环境权的行为都属于可诉之诉。否定权利主体的广泛性就是缩小了权利的范围。生态环境公益诉讼，无论是普通法系国家，还是在大陆法系国家，都是遏制侵害生态环境公益行为的重要而经常使用的法律手段。面对日益严峻的环境危机，以立法形式加以确认，藉此唤醒全社会参与环境保护的意识，实现从社会舆论所施加的以产生自我约束为动力的道德谴责向国家权力强制施行的以承担他力约束为内容的法律责任转化。诉讼法上的公益诉讼，即原告起诉并非自己的权利受到某种直接的侵害，而是为了客观的法律秩序或抽象的公共利益，从诉讼法的技术层面，特别是从原告与案件之间的利益关系层面出发而指称的某种新的诉讼类型。生态环境保护本质需求与公益诉讼之间具有先天的契合性，也是全社会参与环境保护工作有力的程序性规制。具体而言，就是原告并非出自于自身受到侵害，而是以生态环境的社会公益可能受到侵害为目的，以环境与资源开发利用行为者或者许可开发利用环境与资源的政府机关为被告，向法院提出的请求判决停止开发利用行为或者宣布行政许可无效的诉讼。古罗马法中的公益诉讼含义，"为维护公共利益而设置的罚金诉讼为民众诉讼，任何市民都有权提起它"也揭示了公益诉讼一个最本质的特征，就是被害者以外的第三人基于该损害事实同时侵害了公共利益的性质而代位行使了被害者的诉讼权利，以维护社会正义。有学者认为，我国环境保护法第 6 条明文规定，"一切单位和个人都有保护环境的义务，并有权对污染和破坏环境的单位和个人进行检举和控告。"这其中的"有权控告"就是公益诉讼的最直接法律依据，意味着我国法律已经认可了环境公益诉讼原告主体资格。而且我国的大气污染防治法、水污染防治法也都有类似的的规定，同样可以说明这个问题。环境实体法中的直接因果关系和程序法中的直接利害关系的双重门槛，在当下的生态文明建设背景下，有关的理论争论和制度阻却已经不复存在，所以，生态环境公益诉讼主体的争议问题在我国现行的环境实体法和程序法制度下是不存在的。

第一节 公法私法对生态环境保护的规范
融贯理论与实践中协同

良好的生态环境就是社会公益。环境公益诉讼是整个生态环境保护制度一项不可或缺的救济程序，是生态环境保护制度日臻完善的一个重要标志。其通过整合社会公众个体的能量，以群体诉求的方式，自觉地、理性地、有组织地解决涉及不特定人群的社会环境事件，不但是对社会真实状况的有效反映，也能够从某种意义上培养建立"市民社会"的社会意识。将环境公益诉讼独立出来，有别于个体环境权被侵害时以个体名义提起民事诉讼救济程序，也表明了我国法律对于个体环境权扩张到生态环境公共利益的领域时不允许"创设权利"的克制态度，其思维脉络与宪法原则相一致，即生态环境保护是国家职权，而不属于公民的基本权利。世界各国在处理上述问题时，也尝试改造传统的诉讼规则为具有直接公益指向的特别程序，通过引入司法力量弥补行政执法的不足，成为现代社会"民事诉讼的社会化"的重要内容。在社会公益受到侵害而执法者怠于履行职责时，赋予原本没有监管权力的特定主体以诉讼权利，通过司法裁判追究行为人的法律责任，比如美国的集团诉讼、公民诉讼、自然资源损害赔偿诉讼，法国的协会诉讼、德国的团体诉讼、日本的消费者团体诉讼、荷兰的准公众诉讼、巴西的集合诉讼等。这一改造思路在实践中发挥了保障社会公益的积极作用。

国家生态环境保护义务，不应当从保障基本权利而产生的国家义务角度进行推理演绎，而应当是从国家任务角度考察现实需要中的国家职能实然状态。生态环境保护是基本国策，是国家生态环境保护义务的宪法规范，是对国家权力构成约束的"国家目标条款"。其含义包含了现状保持义务、危险预防义务、风险防范义务，公法与私法协动的调整机制下，构建属于生态环境损害救济程序所特有的诉讼结构、程序行为、裁判价值、特殊责任，才能全面解决生态环境保护的国家义务履行问题。

1. 现状保持

现状保持义务，也是倒退禁止义务，是国家权力保证现存的生态环境状况不发生恶化，对生态环境的保护水平不发生倒退，从国家职能层面，是对社会公众的一项政治承诺。在环境领域，国家存在的目的就在于对其人民及其环境负有一定的保护义务。不开历史倒车、促进社会持续发展是国家治理正当性的当然要求，法律规范为此提供了行为准则和确定标准。为了履行这一承诺，国家应当在宏观层面上构建生态环境保护制度的基本框架结构，包括但不限于建立环境保护法律规范体系、建立生态环境保护的监管机制、健全不同部门法调整生态环境保护的内部运行机制，同时通过法律规范明确现行的生态环境保护的不同领域技术性细化后的标准参数，允许一定幅度内的变量存在，为今后生态环境保护工作的评判提供一个可量化的起点。具体到生态环境保护的社会实践中，为了有效地维持现有保护水平不会倒退，国家应当采取例如排污许可证的措施，并且在适当时候考虑许可证（所记载的许可排污总量）是否可以进行互换交易的可能性，这样在工业生产所影响的生态环境总体损害量不变的情况下，维持现有的生态环境保护水平。

2. 危险防御

危险防御义务是指，国家应当主动采取干预措施以排除具有直接环境危害性的"危险"。宪法产生以来，保护统治范围内公民人身、财产安全成为公认的国家职能，与之对应的就是，国家维护公共安全和保障社会秩序的国家义务。在法律概念上，所谓"危险"是指一种情况，在该情况中发生的事情，如果未受阻止极有可能形成法益的损害，即对公共安全和秩序造成损害。只要这种危险是现实存在的，即使尚未发生，国家授权的部门也可以合法地进行排除工作。在现代工业社会，生态环境问题日益严重，危险防御义务的内涵也相应扩张，从最初的，对妨害公共安全的违法犯罪行为和自然灾害，到如今的，抵御来自生态环境中存在的水、空气等介质传播造成的对人类社会和人类活动的危险。如水污染防治、大气污染防治都体现了危险防御义务的特质。此时，国家应基于因果关系的经验法则，对侵害环境权益的各种因素进行识别和判断，采取一定的干预手段来制止此危险发生。在采取具体措施前，应尽可能对危险状态予以掌握并分析，基于掌握之事实、诊断和对于类似案件之经验，对将来发展之可能状态进行预测，然后尽可能采取适当的措施。在制度层面上，要求国家授权部门加大执法力度和具体落实，保障生态环境损害救济途径的通畅，保证对损害行为人制裁的必定性。

3. 风险预防

在现代风险社会中，确定的风险和不确定的风险都能够成为破坏生态环境的因素。此时，国家基于环境保护义务，就必须采取相应的预防措施。但风险预防不同于危险防御（消除），因为"危险"是可以通过一般性知识加以确认的，而风险所具备的潜在性、地域性和不确定性，受限于当下科学技术理论的发展水平而无法准确地判断，也就意味着，人类社会活动对生态环境的影响在未来可能始终处于一个长期的不确定的状态，且无法通过实证研究给出确定的结论。对风险预防并不是无条件地对风险进行管控，无意义地追求"零风险"的理想状态。从风险规制的特征而言，普遍存在着"最后一公里"问题，即针对某可能造成危害的风险因素，规制机构采取的措施可以有效降低至某个水平，但如果要完全加以清除，会带来高昂的成本却无法得到预期的收益。试图将风险完全清除所面临的困难包括，有限的技术选择、高昂的成本、投入相当的规制资源、诉讼费用等等。从法学研究角度，这个结论的建立在肇始于德国的"剩余风险"理论基础上，"剩余风险"是指不应排除而由社会予以忍受的风险。在1978年德国联邦宪法法院对"喀尔卡核电站案"判决中指出，"在核能的利用上，人类认知有其局限性，绝对安全是无法建立的，全社会必须伴随、忍受民间利用核能所带来的剩余风险。"德国学界有鉴于此，以损害发生的概率区分危险和风险，以损害是否可以忍受和实践理性区分风险和剩余风险。国家履行生态环境保护义务时对此持有不同的态度，对于危险，国家负有干预并排除的"防御义务"；对于风险，国家采取预防措施应对其发生的可能性；对于剩余风险，依据实践理性且穷尽可能的一切手段仍不能解决的，只能允许其客观存在。当代人类活动有限地利用开发一部分生态环境资源，将更大体量的生态环境资源留给后代，不但是生态环境利用代际公平的体现，也是应对风险和剩余风险的基本原则。

正确定位生态环境公益诉讼的功能，或许可以为上述保护生态环境国家义务的履行提供程序性保障。从生态环境公益诉讼的制度理念考察，对政府行为进行约束与监督是首先被关注的内容。但在我国生态环境损害救济的司法实践中，即使包括了检察机关提起环境行政公益诉讼的案件数量，涉及行政机关的案件比例较低，督促行政权力救济生态环境损害的力度不够。因为相较于立法机关、司法机关、检察机关、社会公众、私法个体，行政机关在经常性、庞大基数、技术措施以及专业经验上具有不可比拟的巨大优势。在我国环境保护法修正之后，针对"违法成本低，守法成本高"的问题有针对性地确立了"上不封顶"的处罚措施。生态环境公益诉讼也应当实现转型，促进生态环境保护的国家义务的有效履行。在司法实践中，可以从相关司法解释，如《最高人民法院 最高人民检察院关于检察公益诉讼案件适用法律若干问题的解释》中，对受案范围、诉讼目的、起诉主体、程序设计、诉讼权利义务、判决执行、诉讼监督等程序性规范，得到具有指向性的行为规范。

公法与私法协动是生态环境损害救济相关学说发展至今的新的理论高度，不但对未来的生态环境保护工作提供了明确的方向指引，而且力图在生态环境损害救济制度中最大化地发挥私法救济与公法救济各自的特点与优势。消弭彼此之间的不适应，塑造完善我国生态环境保护体系的共同价值追求。其最终形成的结论是建立在区分了生态环境损害救济的三个相互联系的法域基础上，将生态环境损害行为导致的个人环境权益（人身及财产）被侵害而提请的救济途径归属于普通民事诉讼程序，将生态环境损害行为导致的公共利益的被侵害而提请的救济途径归属于环境公益诉讼这一特殊的民事程序；将生态环境损害行为导致的纯粹的生态环境自身损害而提请的救济途径归属于各级人民政府以及其指定部门的行政管辖范畴，即通过公权力的行使进行规制。在司法实践中，上述论断也得到了法律、政策和司法解释的积极响应。

依据中共中央办公厅、国务院办公厅于 2017 颁布的《生态环境损害赔偿制度改革方案》（2015 年开始试行）和最高人民法院 2019 年 6 月 5 日施行的《最高人民法院关于审理生态环境损害赔偿案件的若干规定（试行）》中，将不属于个人权益和社会公益的因生态环境损害行为导致的纯粹生态环境自身损害，纳入到公法规制范畴，明确了对这一类生态环境损害行为提起救济途径的主体资格为省级、市地级人民政府及其指定的相关部门、机构，或者受国务院委托行使全民所有自然资源资产所有权的部门（因与造成生态环境损害的自然人、法人或者其他组织经磋商未达成一致或者无法进行磋商的，可以作为原告提起生态环境损害赔偿诉讼）。最终完成了我国生态环境损害救济体系的完整架构。上述政策与司法解释同 2021 年 1 月 1 日生效的《中华人民共和国民法典》（第七编侵权编有关生态环境保护的民法全面保护）、《中华人民共和国环境法》第 58 条规定（环境民事公益诉讼内容，着眼点是特定的环保组织因环境污染导致社会公共利益受到侵害而提起的诉讼请求权）将我国生态环境损害救济体系划分为三个相互之间紧密联系的不同层次。

第一层次，民事救济，依据是民法典侵权责任编有关环境污染责任和生态环境损害责任的相关内容，着眼点是民事主体因个人权利和利益受到侵害而提起的诉讼请求权。

第二层次，公益救济，《中华人民共和国环境法》标志着生态环境公益诉讼的正式建立，也终结了当个人环境权必然涉及到公共环境利益领域时，应当以个人权利主张直接替代公共利益，还是保持对权利边界的审慎克制的态度，以及公权力是否对此进行规制以遏制个人环境权的无限扩张的学界争论。

第三层次，依据是《生态环境损害赔偿制度改革方案》所规定的不涉及民事个体和不特定民事群体的狭义的生态环境损害，着眼点是各级人民政府以及人民政府的指定部门对给生态环境自身造成损害的"磋商前置"的诉讼请求权。至此，行政机关拥有了自己专属的生态环境保护规制领域，不再轻易介入生态环境社会公益救济的范畴，而生态环境社会公益救济则完全依赖于私法规范。因此，构建完整规范、逻辑自洽的生态环境社会公益救济的民事特别程序就成为体系内部层次划分结果的应有之意。

生态环境公益诉讼原理突破了传统的侵权救济理论，以此消除了生态环境公益诉讼在我国法律体系内的法理障碍。环境公益诉讼在保护环境领域内的作用已经被实证所证实，在我国确认这一制度的第一要务就是诉讼原告主体资格的认定。我国法律从传统侵权理论的基础上承认了环境权主体的法律存在，享有环境权不受侵害的法律保护。传统的侵权理论中的侵权构成的实质要件，包括行为具有违法性、损害事实存在、侵权行为与损害结果的因果关系以及行为人主观过错，其中最重要的就是因果关系，没有因果关系就无法确定相对人，侵权的损害就没有了责任对象，权利救济必然落空。而且在司法审判实践中强调的是事实的因果关系，即侵权行为与结果之间内在的、最紧密的联系，推定的因果关系一般不构成对权利的侵害。根据各国现行的通说，因果关系要具有"相当性"，认为某一原因仅于现实情况发生同一结果时，还不能断定有因果关系，须依一般观念，在有同一条件存在就能发生同一结果时，才能认定该条件与该结果间有因果关系。王泽鉴先生提出，相当因果关系是由"条件关系"及"相当性"构成，它们是确认因果关系的两个阶段。"条件关系"采用"若无，则不"的必要条件检验规则，即无此行为，必不生此种损害，"相当性"表述为，有此行为，通常即足生此种损害。有鉴于此，环境权的保护不适用传统侵权理论，理由如下：一是环境污染的侵权行为具有损害结果的不确定性和非实时性，在影响范围广的同时，欠缺行为的指向性和针对性，即被侵害的不是某一个或者某几个人，而是一些人或者一群人；二是损害原因与结果的关系不是必要条件规则，而是"若有，则可能有"的模态判断，即无法在概率上推算精确的盖然性。如大面积空气污染，有的人直接住进医院，有的人身体好没有更多异常感觉，但实质上健康状况和寿命可能因此被影响了，还有的人可能终身都没有出现任何不良症状；三是环境权与其他人身权、财产权的区别就体现在它的权利保护范围更加广泛，而且许多从传统意义上认定为间接影响的事实同样也存在着侵犯环境权的可能。我国法律要求原告必须与案件事实有"利害关系"，无须继续讨论"直接因果关系"的实体法意义，在起诉阶段就已经把公益诉讼原告排除在诉讼程序之外了。解决公益诉讼问题，首先就要解决诉讼权利主体的资格问题。

生态环境损害救济的复杂性为私法与公法的同时介入提供了逻辑上的依据，公法与私法的协动在这一领域并不是相互冲突，而是相互补充的。其逻辑展开也非常清晰，民事个体因为生态环境损害造成的人身和财产被侵害而以自己的名义提起民事诉讼程序进行救济；社会不特定多数人的生态环境公共利益受到侵害而以社会组织名义提起环境民事公益诉讼救济；被授权的行政机关以及相关部门因为纯粹的生态环境损害导致生态环境自身的影响而以行政机关的名义进行"诉前磋商"，并在磋商不能的情况下，自己作为原告提起生态环境保护诉讼，履行自己管理国家交付的生态环境的职责。囿于生态环境保护的重要性和复杂性，必须强调多管齐下、协调统一的合作模式，以此来解决公法与私法的冲突，并协调民事主体和行政机关在同一个生态环境损害救济行为中的相互关系。

第二节　原告主体范围与甄别被告的可诉性

美国学者 Gerry 在公共妨害导致损害赔偿诉讼中，原告资格依然实行传统的"不同类型损害"原则，而在禁止或消除公共妨害之诉中，抛弃了上述妨害法传统，仅仅要求原告达到通常诉讼资格即可。美国的环境侵权救济法律制度作为普通法的一部分，救济方式包括金钱赔偿和发布禁令。普通法中的妨害法（Law of Nuisance）对受害人提起民事诉讼以寻求救济的公共妨害部分以及私人妨害提供了重要依据，被认为是"普通法对环境保护的贡献"，公民对公共妨害提起衡平法救济之诉不再受传统原则的限制。个人可以针对公共妨害提起禁止或消除之诉，而环境污染多表现在公共妨害，因此公共妨害法在环境救济领域得到广泛运用。私人妨害的救济自 1848 年之后被允许以一诉合并提起普通法上的损害赔偿与衡平法上的禁止命令，改为"单轨制"的救济方式。公民环境诉权的深度超过了我们所熟知的环境法中"公民诉讼"，利益均衡理论在自由裁量时发挥着巨大的作用。《中华人民共和国环境保护法》（1989 年通过，2014 年第八次修正）第 58 条规定，"对污染环境、破坏生态、损害社会公共利益的行为，符合下列条件的社会组织可以向人民法院提起诉讼：

（一）依法在设区的市级以上人民政府民政部门登记；

（二）专门从事环境保护公益活动连续五年以上且无违法记录。"

这标志着生态环境公益诉讼的正式建立，也终结了当个人环境权必然涉及到公共环境利益领域时，应当以个人权利主张直接替代公共利益，还是保持对权利边界的审慎克制的态度，以及公权力是否对此进行规制以遏制个人环境权的无限扩张的学界争论。

但司法实践中，没有任何证据表明社会组织作为环境公益诉讼原告相比公民个人更为适格。环境公益诉讼原告的主体一般以社会组织为宜，因为社会组织比公民个人更具备活动资金、环保意识、专业技术、法律手段上的优势。新设成立关于环境保护专门的社会组织或者赋予已经存在的某些社会组织以公益诉讼的功能,以实施环境公益诉讼。但无论何者,都要考量诸如组织经费的来源,因为我国以往的一些非营利性社会组织为了牟取私利违背组织活动宗旨进行了各种不正当的经营性行为,如"全国牙防组"非法认证行为、消费者协会有偿授予荣誉行为等,如果不能清晰这些组织是否存在获益的内心诉求,其公信力必然大打折扣,无法起到应有的作用;这些社会组织的管理程序也是约束和规范其活动的重要保障,如何使其不形同虚设,真正地为环境保护事业做出贡献,监督与管理绝对是重中之重;这些社会组织的影响力及其功能设置也决定了社会公众对其认同的程度,并很大程度上影响着环境保护工作在全社会范围内的开展。公民诉讼、集团诉讼、团体诉讼、群体诉讼在环境公益诉讼的共同价值前并行不悖,不存在相互排斥的问题,所以环境公益诉讼原告的主体资格不必然地强调社会组织。

最高人民法院于 2019 年 6 月颁布的《最高人民法院关于审理生态环境损害赔偿案件的若干规定(试行)》明确可以"提起诉讼的三种具体情形,包括发生较大、重大、特别重大突发环境事件的,在国家和省级主体功能区规划中划定的重点生态功能区、禁止开发区发生环境污染、生态破坏事件的,以及发生其他严重影响生态环境后果的情形"。同时,对原告的资格加以确认,"省级、市地级人民政府及其指定的相关部门、机构或者受国务院委托行使全民所有自然资源资产所有权的部门可以作为原告提起诉讼。"由此可见,这是最高司法机关对 2017 年中共中央办公厅、国务院办公厅的《生态环境损害赔偿制度改革方案》的回应,如果说《生态环境损害赔偿制度改革方案》标志着全面建设生态环境损害赔偿制度的确立,那么,《最高人民法院关于审理生态环境损害赔偿案件的若干规定(试行)》就是对生态环境损害赔偿制度的司法保障。为无关个体环境权和环境公益,纯粹生态环境被侵害导致的自身损害的生态环境损害赔偿案件中公权力主导的救济行为提供了环境民事特别程序这一救济途径。

2018 年施行、2020 年修正的《最高人民法院、最高人民检察院关于检察公益诉讼案件适用法律若干问题的解释》已经进行了积极探索,在积累了一定经验的基础上,将环境民事公益诉讼与环境行政公益诉讼都纳入生态环境公益程序中进行调整适用。

"第十三条　人民检察院在履行职责中发现破坏生态环境和资源保护，食品药品安全领域侵害众多消费者合法权益，侵害英雄烈士等的姓名、肖像、名誉、荣誉等损害社会公共利益的行为，拟提起公益诉讼的，应当依法公告，公告期间为三十日。

公告期满，法律规定的机关和有关组织、英雄烈士等的近亲属不提起诉讼的，人民检察院可以向人民法院提起诉讼。

第二十一条　人民检察院在履行职责中发现生态环境和资源保护、食品药品安全、国有财产保护、国有土地使用权出让等领域负有监督管理职责的行政机关违法行使职权或者不作为，致使国家利益或者社会公共利益受到侵害的，应当向行政机关提出检察建议，督促其依法履行职责。

……

行政机关不依法履行职责的，人民检察院依法向人民法院提起诉讼。"

《最高人民法院　最高人民检察院关于检察公益诉讼案件适用法律若干问题的解释》规定了检察机关在公益诉讼中的身份为"公益诉讼起诉人"等一系列不同于普通诉讼的程序规则。检察公益诉讼制度设计初衷和实践证明，诉前实现公益保护是最佳司法状态。但作为检察公益诉讼监督的后继保障，使整个制度具有了真正意义上的完整性。

普通的民事诉讼和行政诉讼属于私益诉讼，以诉讼主体是"直接利害关系人"为核心要素，构建与此相适应的一系列诉讼原则和程序制度。检察公益诉讼制度在现阶段有赖于民事诉讼法和行政诉讼法提供程序性规范的准用规则，但与普通的民事、行政诉讼大不相同。检察机关基于法律监督的宪法定位，作为保障国家法律统一正确实施的司法机关，在检察公益诉讼中是以形式上的诉讼主体形象履行法律监督本职，并不是直接的利害关系人。

法律赋予了检察机关可以提起民事、行政公益诉讼的职能，但生态环境公益诉讼制度设计初衷，是以整个生态环境保护的公益诉讼为制度核心。所以，检察机关和法律规定的其他组织都是提起生态环境公益诉讼的适格主体。在提升综合治理效能、完善公益保护长效机制方面，行政公益诉讼也比民事公益诉讼更具优势。十八届四中全会报告指出，"对一些行政机关违法行使职权或者不作为造成对国家和社会公共利益侵害或者有侵害危险的案件，缺乏有效司法监督，不利于促进依法行政、严格执法，不利于加强对公共利益的保护。由检察机关提起公益诉讼制度，有利于优化司法职权配置、完善行政诉讼制度、推进法治政府建设。"行政机关是公共利益的第一顺位的代表，不仅负有维护公共利益的法定职责，在专业能力和统筹资源方面也有利于修复和维护公共利益。行政公益诉讼实质上是督促之诉、协同之诉。检察机关坚持监督理念，通过行政公益诉讼督促解决了一大批国家利益或社会公共利益受损的问题。

关于民事公益诉讼，一方面，在行政机关已穷尽手段或执法效能不足、公益损害仍持续发生的情况下，检察机关可以通过民事公益诉讼方式来保护公益。另一方面，检察机关对破坏生态环境和资源保护、食品药品安全领域侵害众多消费者合法权益等损害社会公共利益的犯罪行为提起刑事公诉时，可以向人民法院一并提起附带民事公益诉讼，由人民法院同一审判组织审理，有利于节约司法资源，提高司法效率，统筹实现违法者刑事责任与公益损害责任的协同追责，相较于单独提起两个诉讼或由不同主体提起民事公益诉讼都具有明显的制度优势。比如浙江省松阳县人民检察院诉刘某某、纪某某生产、销售有毒、有害食品刑事附带民事公益诉讼案中，检察机关通过提起刑事附带民事公益诉讼，在依法追究违法者刑事责任的同时，还同时追究其公益损害责任。

实践中，检察机关开展行政公益诉讼与民事公益诉讼也并非完全单项选择、互不相干。有的情形下，"先行后民"、相互补缺，比如广东省广州市人民检察院诉广州市卫某垃圾厂、李某强固体废物污染公益诉讼案中，一方面，通过行政公益诉讼督促行政机关先行委托专业机构对受损环境及时修复；另一方面，在民事公益诉讼中诉请判令被告方赔偿生态环境修复费、服务功能损失费等约1.31亿元，并建议法院适用先予执行程序，保障环境修复费用执行到位。有的情形下，"先民后行"、由点及面，检察机关在办理民事公益诉讼案件中，调查发现存在公益损害或者监管漏洞的，即以行政公益诉讼案件立案办理，督促解决一类公益受损问题。如江苏省灌南县人民检察院诉李某兴等人非法采矿刑事附带民事公益诉讼案中发现，灌河流域存在大量非法码头，为盗采海砂提供了便利，相关监管部门履职不到位问题，遂向县港口建设管理局发出行政公益诉讼诉前检察建议，督促拆除非法小码头 56 处，恢复灌河岸线 22.2 公里。

2020 年制定、2021 年施行的《中华人民共和国民法典》"侵权责任编"第七章第 1235 条规定，"违反国家规定造成生态环境损害的，国家规定的机关或者法律规定的组织有权请求侵权人赔偿下列损失和费用：

（一）生态环境受到损害至修复完成期间服务功能丧失导致的损失；

（二）生态环境功能永久性损害造成的损失；

（三）生态环境损害调查、鉴定评估等费用；

（四）清除污染、修复生态环境费用；

（五）防止损害的发生和扩大所支出的合理费用。"

由此可以明确，生态环境损害救济公益诉讼的原告资格可以是国家规定的机关（刑事案件则由检察机关提起，纯粹生态环境自身损害（狭义）的，由行政机关在"磋商前置"不能时，得向人民法院提起生态环境损害赔偿的特别民事程序）或者法律规定的组织（我国环境保护法第 58 条所明确的"依法在设区的市级以上人民政府民政部门登记或者专门从事环境保护公益活动连续五年以上且无违法记录"的社会组织）。

第三节　民事救济与行政规制在程序内衔接

环境公益诉讼有着与普通民事诉讼不同的性质和理论内涵。虽然，环境公益诉讼从理论上明确的性质和运行机制到世界各国的立法例和司法实践都倾向于依托民事诉讼程序。

（1）原告主体资格的确认不同，民事诉讼法要求原告是与案件有直接利害关系的公民、法人和其他组织，而环境公益诉讼的原告不适宜以是否具有法律上的利害关系或者是否存在直接的损害结果为衡量基准，而是基于环境保护的公益目的由法律对这类主体进行了诉讼资格上的授权，环境诉讼原告主体资格无法为传统诉讼要件所涵盖，否则会导致起诉不能；

（2）赔偿范围不尽相同，民事诉讼中权利人主张的权力范围只要有物质损害赔偿和精神损害赔偿，且数额要求具体明确，环境公益诉讼原告的诉讼请求范围，因为原告本身没有直接损害或者损害数额不确定，实践中多为停止侵害和象征性的赔偿数额以及建立非为原告独自占有的公益性环保基金；

（3）诉争事实的未来预见性与传统诉争事实的既定性不同，民事诉讼中所依据的事实往往是对业已存在的某种事实状态的事后描述，这种结果是既定的，而环境公益诉讼的事实许多都是没有具体明确的损害事实而仅仅具有了造成损害的可能性，其实质是对未来可能发生的事实状态的一种预测性的描述；

（4）审判结果负担者的扩展性、非特定性，民事诉讼的判决结果一般约束特定的当事人，针对性非常强，而环境公益诉讼的判决结果通常是产生了某种现象，可以起到以点带面的覆盖效应和示范作用，它通过对诉讼中的当事人行为的评价进而在整个社会或者某个领域确立一项行为规范的准则，并要求今后的类似行为必须依此进行。

刑事诉讼程序和行政诉讼程序与环境公益诉讼的差异过大，一般不会被考虑作为环境公益诉讼的程序性法律依据。权利缺少行使的程序就意味着没有权利，因为权利的行使在法律上就会落空，那么这个所谓的"权利"就不会是法律上赋予的权利。环境公益诉讼对于环境保护工作的重要性毋庸置疑，随着环境保护工作越来越迫切，全社会积极参与环境保护工作能够有效地降低政府在环境保护工作方面的运行成本和政策成本，行政行为观察视角的狭窄性与全社会监督的广泛性和细致性、政府环保政策的更新更替的重复性与法律确定后的固定性和长期性、公务人员事不关己的慵懒和漠然与自愿代表集体利益的个人的主观能动性和热忱，无论如何比较，有效地环境公益诉讼制度是在全社会范围内均摊了政府环境保护工作的成本，虽然必然会引起司法资源的配置增加，但这不会造成滥诉，"我国民间环保组织并不发达……我国是一个没有多少诉讼传统的国家……一些人往往只关心自己的事，花工夫、拿自己的钱去为社会公益'管闲事'的人还非常之少……"，况且，司法审判结果的不特定性，对于全社会的教育、引导作用也能够实现边际收益的最大化。纵观我国法律关于法益保护的范围，主要有三类，国家利益、个人利益和集体利益（社会不特定大多数人的利益），个人利益的维护在我国宪法确认了私有财产合法化之后无论从意识形态还是社会实践领域都有了质的提高，国家利益更是要求在必要时以个人利益的牺牲来维护，这是基本的法益原则，居中的集体利益，从强度上小于国家利益，从规模上大于个人利益，这种不尴不尬的位置也使之陷于被保护和被实现时的窘迫，环境公益所代表的正是集体利益，自然随着集体利益的被人们忽略而忽略。我国环境保护的现状亟需环境公益诉讼的出现，集体利益需要在环境公益诉讼中突显，法律将环境公益诉讼权利的主体纳入到我国的环境权主体范围内加以完善，相较于造福千秋万代的收益，其必然付出的司法成本也是值得的。当然，环境代表人诉讼的原告主体资格不属于上述主体范围。

民事公益诉讼是为了弥补行政执法在生态环境社会公益中的保障不足而设置的特殊救济程序，具有司法填补的性质，并非传统意义上的民事诉讼程序，不能完全将民事规范当作准用规则。我国的生态环境民事公益诉讼被定性为侵权之诉（有关生态环境损害赔偿的规范内容位列民法典侵权责任编），但仅从侵权角度建构生态环境民事公益程序并未充分考虑公法对社会公益进行救济的应然地位，侵权法调整生态环境社会公益，实质上是私法对传统公法领域的渗透，不应当单纯地突出强调私法的核心作用，而最佳效果应当是私法与公法协动，共同适用解决生态环境损害救济问题，这才是未来的发展趋势。

第四节　自由裁量结果的利益均衡导向

生态环境诉讼审判结果不仅仅单方面地强调生态环境侵权救济的重要性，还需要多层次、多角度地考虑侵害人与受害人之间利益均衡的问题，使审判结果能够如实反映社会现实发展状况。环境诉讼的最终结果总是纠结于不同的利益诉求冲突之中，需要法官的自由裁量权进行取舍与平衡。给予法官一个充分的但能够限制其恣意的自由裁量权行使的空间，是现代诉讼法先进性的一个检验标志。环境诉讼同理。审判结果的均衡性实质是对不同层面利益需求的权衡。环境救济形式上是对私人利益的保护，但它间接影响了国家利益、社会利益的分配，纠结其中的利益冲突远甚于传统的侵权行为，所以环境诉讼中法官的自由裁量权指向范围主要就是利益均衡。宏观上的利益均衡要考虑国家环境政策对环境和自然资源的合理配置、经济发展规划与产业结构调整、诉讼对正义、公平和效率等法律价值的体现。微观上的利益均衡只要包括人身权和财产权的保护。生命健康权属于绝对权利，绝对地受到法律保护，不存在利益均衡考量的操作空间，只有与之相关的扩张性权利，如良好生存环境权、精神愉悦权才允许进行利益均衡的取舍。此外，财产权利是当然的利益均衡原则的适用对象。即使美国这样的发达国家，有着对国内环境和资源充分保护的积极意识，也要不停地在各种利益取舍中进行必要的权衡。"大西洋水泥公司附近居民不满水泥厂造成的灰尘、噪声与震动，诉请纽约法院颁发禁制令，停止工厂运转并赔偿损失。法院认为该工厂确实构成侵权行为，符合颁发禁制令的要件，但因被告已投资该厂 4500 多万且雇用 300 多人，而原告不过损失 18.5 万元，经济利益明显不相当，而拒绝颁发禁制令只判决损害赔偿。"自由裁量权作为诉讼的边际成本在合理规制的范围内完全能够追求更大化的边际收益，这也是自由裁量权普遍存在于各类诉讼制度的原因。环境保护的最现实目的是为了与经济发展规模相匹配，而不是单纯地为了环境资源的保护而因噎废食，忽略人类追求先进文明和更高物质享受的本质需要。虽然，利益均衡的结果体现在判决中，在如实赔偿受害人各项物质精神损失的基础上并不必然要求侵害人停止侵害、禁止继续进行污染环境的行为。这就可能给地方保护主义以经济发展为主导、拒绝治理环境污染的合法借口。但我们同时也必须认识到，环境权民事救济的本质就是强调首先对现实的损害进行赔偿，然后才考虑对依然持续的损害如何避免的问题。而且应对环境不利益的方式也有很多种，比如免费的异地安置、排污方式的改变等，这些措施完全可以在判决中替代"停止侵害"。环境公益诉讼的程序可以克服"危害裁判原则"下的"一案不二审"规定，即因为诉讼主体、诉讼价值取向、诉讼目的、诉讼争议事实的不同而无法适用于基于前一个环境侵权民事救济的案件而提起的有关环境公益诉讼案件，强大的正向取值使得利益均衡的裁量将成为环境诉讼审理结果中的重要内容。

环境公益诉讼最终裁判结果的教育作用和示范作用远远大于其实际给付的内容。审判结果的公示性必须被强调。从法理上讲，人民法院审理案件的结果的公示作用是不言而喻的，但是在实践中存在着应然层面与实然层面的脱离。环境公益诉讼一般都是社会影响较大、涉及范围较广的具有普遍意义的典型性案件，它的判决结果很可能直接影响到今后一类案件的预测结果，所以，应当真正把判决结果尽可能地面向更广泛的社会公众，产生良好的社会反响。形式和途径可以考虑刊登在最高人民法院公告、通过互联网的公共信息传播、相关环境期刊杂志中的简报等。

环境权侵权理论应当在传统的民事侵权理论窠臼之外具有合理的扩张性，适当确认环境公益诉讼对环境保护工作的重要意义和作用，避免因过于谨慎的界定而无法激励全社会参与环境保护工作的主观能动性。实体权利的实现有赖于救济程序的保障，但这并不意味着提供越多的救济途径对权利的保障制度就会越完善。如果没有预先的顶层设计且完善的结构秩序，"多管齐下"可能会造成理论上的混乱与实施中的现实阻却。环境立法自身的合理性是环境法能够得以最终实现的前提和基础，运用合理分析的方法，确定环境立法的价值取向和本质属性，不但符合法学理论研究的发展趋势，对环境法的实践也具有选择上的必然性，使其能够真正发挥最大化的现实作用。

在公法与私法协动救济生态环境损害问题的体系建构过程中，存在着两种建构思路，一是以私法调整为生态环境损害的主要救济方式，调整范围涉及个人环境权利利益和公共环境权利利益，只有纯粹的生态环境损害救济导致其自身（不涉及人身、财产、公共利益）损害的，才由公法进行救济；二是将整个生态环境保护领域纳入到国家职权（自然资源及其他社会环境公益）的视野内，大量援引公法原则和规范体现国家意志，只有涉及个人人身权或者财产权被侵害的场合才适用私法进行救济。无论采用哪一种建构思路，都是在充分认识到生态环境保护是法律难题，无论法理层面上的再认识，还是实践层面的救济选择，都为公法与私法协动提供了现实条件且是解决这个法律难题的本质诉求。我国现行的生态环境保护法律体系，很明显采用的是第一种思路，即个人环境权利利益的侵权救济由私法提供是符合法理逻辑的，环境公益诉讼由民事实体法和程序法规则转介调整进行救济有其存在的合理性，纯粹生态环境侵害导致自身损害的救济途径也是由行政机关在"民事磋商"无果的情况下提起环境公益诉讼的方式解决。环境民事公益诉讼的出现也充分体现了社会个体环境意识到群体环境意识的积极转变。但随着我国环境法思想发展成熟以及相应环境立法的日臻完善，在公法的规制功能能够得到充分体现的规范条件下，将公法的原则理念和价值追求引入生态环境损害赔偿的私法救济中，在不扩张固有权利的前提下，扩张"损害"定义的外延，增加其对生态环境保护实践的涵摄，不但能够解决个体环境权无限扩张而导致"创设权利"的不当趋势、环境公益私有化可能导致的滥诉、站在规制全社会生态环境保护的高度摒弃狭隘的个体环境利益的最大化等问题，而且还为市民社会的建立培养先验意识，增益公法对生态环境损害救济可能存在的调整不足等问题。我国生态环境损害救济体系的法律愿景，是私法在固有权利范围内，通过不断扩张"生态环境损害"定义的外延以涵摄类型更为复杂广泛的生态环境损害救济途径，以引入公法原则理念和价值追求为常态，力求在更为宏观的角度和社会利益的高度审视我国生态环境保护的完善进路，同时，完整发挥公法的规制功能，运用公权力在诸如行政行为等社会管理与控制层面直接为生态环境损害提供救济，高效地履行宪法所明确的"国家保护和改善生活环境和生态环境，防止污染和其他公害"以及生态文明建设的国家职能。

第六章　生态环境损害证明责任分配原则

博弈论对于解决生态环境损害救济中证明责任分配原则的设定有着更现实的作用，体现出"解决社会问题的手段无所谓优劣，而仅仅是实然状态下的适用，没有绝对的权益得失，只有相对的动态平衡"这一法律如何对实践进行调整的指导精神。生态环境与风险社会并非"零和博弈"关系，但在政府对基本国策的职责义务、侵害人利益最大化以及被侵害人权利救济都纷纷指向生态环境保护这个目标对象时，其博弈关系更加复杂，从宏观层面，这是法律如何促进社会发展的本质问题，从微观层面，如何设定证明责任则是基于宏观目标的细节建构，起着见微知著的示范效应。生态环境损害证据与结论之间的因果关系弱相关性需要疫学原理加以解释和认定，救济程序中追求平衡双方对比力量、还是体现无限保护的政策导向、抑或是满足受侵害人诉求的社会影响，这些都需要在实体法的证明责任规范中寻求确切的答案。

布雷耶法官说过，法官不是科学家，法庭更不是科学实验室。但在生态环境损害案件中复杂的因果关系往往更依赖于专业技术进行甄别与认证，以形成法官认定损害事实的内心确信。证明责任分配原则实质上就是在承认穷尽现阶段科学技术手段也可能存在着某些无法精准认知因果关系的生态环境损害救济程序中，如何满足诉讼对效率的价值追求，在给定的审理期限内作出裁判结果，由谁来承担败诉的客观结果责任，以此来息诉止争，给予社会秩序一个相对公平的回应。避免将生态环境损害救济的司法审判程序演变为各种科学技术发展前沿理论交锋的研究场所，而无限拖宕上述审判程序终结的时间，增加司法资源的浪费和当事人的诉累。生态环境损害救济程序中，证明制度是核心制度，决定了司法审判的最终结果，但对于证明责任分配原则在实践中因为存在着认知不统一的情形，所以对于生态环境损害中的证明责任负担也是一个突出的问题，需要进行进一步讨论。比如，有的学者提出，2015 年 6 月施行的《最高人民法院关于审理环境侵权责任纠纷案件适用法律若干问题的解释》法释〔2015〕12 号，第 6 条规定受害人需证明污染行为与损害的存在，并且证明两者之间存在关联性，但其第 7 条仍坚持因果关系推定。第 6 条同样为《最高人民法院关于审理生态环境损害赔偿案件的若干规定（试行）》法释〔2019〕8 号的第 6 条所借鉴，更加明确具体地规定了原告起诉时应当承担的证明责任。但在生态环境损害赔偿的司法审判中，仍采用因果关系推定的证明责任分配原则。

《最高人民法院关于审理环境侵权责任纠纷案件适用法律若干问题的解释》法释〔2015〕12 号，"第六条　被侵权人根据侵权责任法第六十五条规定请求赔偿的，应当提供证明以下事实的证据材料：

（一）污染者排放了污染物；

（二）被侵权人的损害；

（三）污染者排放的污染物或者其次生污染物与损害之间具有关联性。"

"第七条　污染者举证证明下列情形之一的，人民法院应当认定其污染行为与损害之间不存在因果关系：

（一）排放的污染物没有造成该损害可能的；

（二）排放的可造成该损害的污染物未到达该损害发生地的；

（三）该损害于排放污染物之前已发生的；

（四）其他可以认定污染行为与损害之间不存在因果关系的情形。"

《最高人民法院关于审理生态环境损害赔偿案件的若干规定（试行）》法释〔2019〕8 号，"第六条　被侵权人根据侵权责任法第六十五条规定请求赔偿的，应当提供证明以下事实的证据材料：

（一）污染者排放了污染物；

（二）被侵权人的损害；

（三）污染者排放的污染物或者其次生污染物与损害之间具有关联性。"

"第七条　污染者举证证明下列情形之一的，人民法院应当认定其污染行为与损害之间不存在因果关系：

（一）排放的污染物没有造成该损害可能的；

（二）排放的可造成该损害的污染物未到达该损害发生地的；

（三）该损害于排放污染物之前已发生的；

（四）其他可以认定污染行为与损害之间不存在因果关系的情形。"

上述两个司法解释的第 6 条是对生态环境损害赔偿诉讼原告分配的证明责任，第 7 条是对诉讼中的被告分配的证明责任，两者并不冲突，属于两个不同的诉讼主体对各自所主张的不同待证事实分别负担了证明责任，前者需要证明原告是适格的诉讼主体并且有明确指向的被告，起诉符合法定条件且损害的事实存在，后者要对不存在因果关系以及不承担或者减轻责任负担证明责任。两者的差别显而易见并且是具有前后顺序的，只有负担了司法解释第 6 条分配的证明责任，才能在诉讼程序中出现有关司法解释第 7 条的证明责任负担行为。因为原告是生态环境损害赔偿程序的提起者，有义务提供证据证明其起诉的正当性和合法性。学者们聚焦在"损害行为与损害结果的关联性"上，认为这是要求原告证明因果关系，但事实上，这不是对因果关系的证明，而仅仅是证明行为与结果关联关系的可能性，从证明标准衡量，就是一种"真伪不明"的状态，即事实存在的可能性与事实不存在的可能性相等。理由有二，一是如果第 6 条的"关联性"是指因果关系，那么，为什么不与第 7 条一样直接用"因果关系"而是置换成"关联性"，这违背了立法规范制定中所坚持的同一含义同一表述的基本准则，所以很显然"关联性"并非"因果关系"；二是如果将"关联性"理解为"因果关系"，那么就成了证明责任分配中最大的错误，给诉讼中直接对立的双方当事人分配了同一个证明责任。这样的后果，就是当双方都证明不了待证事实，也就只能都负担败诉的证明责任结果责任，一个案件出现双方当事人都败诉的结果，这是不可能的。通过使用"关联性"和"因果关系"来区别双方不同的证明标准，前者，只需要证明损害结果与损害行为之间有某种内在联系，即使这种联系仅仅处于事实真伪不明的状态，即能够按照一般社会常识认知其可能性，但这种认知结果不能排除任何其他种类的否定事实。比如，原告认为自己身体罹患的某种疾病与某工厂排污行为有直接的关联性，而且这种关联性能够为一般社会常识思维所接受，就视为完成了上述司法解释第 6 条分配的证明责任，但这种认定并不排除某种疾病可能是其自身行为造成的。

除此之外，对于因果关系的认定更是观点繁多，莫衷一是，甚至存在着学界通说与司法实践不一致的情况。在多数人环境侵权的场合，我国学界通说是，在竞合因果关系的情况下，应当适用连带责任，在累积因果关系和共同因果关系的情况下，应当适用按份责任。《最高人民法院关于审理环境侵权责任纠纷案件适用法律若干问题的解释》第 3 条规定，在累积因果关系中，能够造成全部损害的污染者对共同造成的损害承担连带责任。所以，证明责任的问题在生态环境损害救济中突显其重要性，有必要对其进行进一步讨论。

第一节 疫学理论对因果关系认定规则的启示

环境侵权因果关系的证明责任分配问题一直是环境法关注的焦点，虽然我国立法早已有明文规定，但在司法实践中，囿于对因果关系种类和内涵的模糊认识，放置在生态环境损害救济这样一个更为复杂专业的程序中，就会产生证明责任所针对的因果关系内容上的不确定性，导致类似案件不同的证明结果，进而影响案件的裁判内容。英美法理论将因果关系分为一般因果关系和特定因果关系，根据环境问题的科学认知难度，又可以将一般因果关系分为常识性因果关系、确定性因果关系和不确定性因果关系；根据损害产生的时空顺序，将特定因果关系分为到达的因果关系和致害的因果关系；根据证明的需要，致害的因果关系又可以分为暴露的因果关系和真实的因果关系。侵权法对因果关系的一般性理论很难适用生态环境损害这种特定类型的因果关系判断。疫学因果关系理论对于生态环境损害的因果关系认知具有重要的启示作用，证明一般因果关系的证据为流行病学证据，证明特定因果关系的证据包括暴露学、临床医学、病理学等科学证据。

环境污染导致的生态环境损害具有累积性、潜伏性、突发性、专业性等特点，而环境污染这一概念本身的复杂性和多义性，也决定了不可能存在适用于所有环境损害因果关系判断的标准理论。疫学型环境损害案件能够从一个认知维度对生态环境损害中的因果关系进行某种程度的认知，其特征是，原告认为污染企业排放物对自身罹患某种疾病存在因果关系，而这种因果关系依靠一般社会常识无法认知。这种类型的生态环境损害是具有典型意义的环境案件。一般因果关系用以判断"某类事件与某类损害之间是否存在因果关系"，在环境侵权实践中，关注的是"某种物质是否有可能引发某种损害"。特定因果关系用以判断"特定事件在事实上引起或可能引起了特定原告的特定损害"，关注的是"特定的污染行为是否造成个体的特定损害"。在传统侵权行为中，一般因果关系属于不证自明的社会常识性知识范畴，比如饮用污染物超标的水导致急性胃肠炎。但在环境侵权的场合中，一般因果关系也不是依靠常识就能够准确判断的。比如垃圾焚烧时产生的二噁英是否导致人身损害，而这在流行病学理论中，仅仅是个概率问题。二噁英对某种特殊疾病的发作仅仅是非充分也非必要条件，只是部分原因。体质强壮的人的健康状况可能并不受此影响，受此影响的体质孱弱的人也可能是因为其他原因导致患病，而科学不确定的因素又进而加剧因果关系的不确定性。一般性因果关系表明了某种因子引发某种疾病的可能性，而非确定性。所采用的方法主要是，通过观察人群来识别与特定人群中某种疾病风险增加有关的"因子"，与这一作用因子有关的疾病超出正常水平的发病率。这种流行病学有关作用因子与特定疾病之间相对风险的研究成果几乎成为唯一具有科学证明力的证据。但对于这一证据的司法审查则更多地依靠专家证人证言的可采纳性。根据美国《联邦证据规则》（2011 重塑版）702 条规定：

"在下列情况下，因知识、技能、经验、训练或者教育而具备专家资格的证人，可以以意见或者其他的形式就此作证：

（a）专家的科学、技术或者其他专门知识将会帮助事实审判者理解证据或者确定争议事实；

　　（b）证言基于足够的事实或者数据；

　　（c）证言是可靠的原理和方法的产物；

　　（d）专家将这些原理和方法可靠地适用于案件的事实。"

　　在我国司法审判实践中，法官不会事先对科学证据的可采纳性进行实质审查，而是在审理过程中，对科学证据及其对因果关系的证明力作出判断。专家不能决定案件事实的认定结果，法官才是证据的认定者和事实的决定者。

　　在一般因果关系可以被判断存在的情况下，继续判断特定因果关系才具有事实认证的意义，否则，因果关系因为有太多的可能性存在而丧失了确定性，导致法官无法对因果关系形成内心确信。一般因果关系存在则需要继续判断特定因果关系，用以最终得到相对确定的因果关系结论。一般因果关系是对"某种因子是否导致了人群罹患某种疾病的可能性"作出判定，特定因果关系是对"上述某种因子是否导致了一般因果关系所针对的人群中某一个体是否罹患该种疾病"进行判断。所以，一般因果关系虽然不能适用于推定特殊因果关系的可能存在，但其可以作为最终确认因果关系的重要参数。法官需要考虑，原告虽然不属于流行病学的样本人群，但可以根据常识和与专家证人的商谈来决定，原告是否因为比较接近样本人群的性质，而认定原告可以适用一般因果关系的结论。但在两种情况下，这种诉讼中的商谈则无任何必要。一是某种因子与疾病之间的直接联系适用于最为广泛的人群，二是现有的社会经验和科学常识视野中不存在的直接联系，比如男性与女性之间独特的生理结构差异而决定了某种疾病不可能在另一类人群中产生。特定因果关系只能依靠科学证据进行认定，包括以下几种途径，一是当事人可能的暴露途径和暴露剂量；二是在无法直接诊断出病因的情况下，临床医学和病理学的诊断能否排除其他致病原因的可能性（类似反证法）；三是1962年多尔和希尔提出用流行病研究结果判断病因的"希尔准则"（1991年美国流行病雪茄Marvyn Susser增加了预测力一项，使该准则共有10条），但其重要缺陷也必须给予充分的注意，比如原始证据是否真实可靠，一致性概念无法量化，将一个研究内提供的信息以及可在研究间观察到的信息和流行病学研究以外的信息混为一谈，等等。

从立法规范和司法实践的现状考察，生态环境损害诉讼中，原告对一般因果关系承担证明责任，而被告则对特定因果关系承担证明责任，其因果关系的内容有着较大差异，不可能出现将证明责任对标同一个因果关系内容的情形，但如果不详细区分因果关系的不同内容，会产生这样的错误认识。在生态环境损害案件中，存在着科学不确定的因果关系，法官不能仅仅依据可以被反证推翻的鉴定结论或者专家证人证言来认定因果关系，需要法官有能力专业地把握科学证据，才能在现有科学技术认知领域内精准地确定损害行为与损害结果之间的因果关系。

第二节 降低申请人民法院调查取证的许可标准

生态环境损害赔偿诉讼中，为了负担证明责任，被告为了不承担或者减轻责任，势必从具有决定意义的因果关系上倾注大量的机会成本、时间成本、人力成本以及其他物质条件，作为相对方的原告，虽然依据证明责任原理，对于被告所负担的对因果关系的证明责任，只要提供非对等证明标准的反证，使因果关系处于真伪不明的状态即可导致对方对因果关系的证明责任负担失败，甚至可以"坐等"被告因证明不了因果关系（被法律推定原告的损害结果与被告的损害行为之间）而导致法院裁判支持原告诉讼主张的完美结果。但司法审判实践中，原告在与被告信息不对称的态势中，很难消极地等待对方出错而"拣到"胜诉结果，往往也是尽可能地运用一切手段阻止被告成功负担因果关系的证明责任。基于诉讼双方当事人积极主动地对因果关系进行证明的态度，放置在生态环境因果关系过于复杂而很难依靠一般社会认知水平去准确把握的法庭上，必然自觉地寻求人民法院调查权的帮助，这也是诉讼法赋予诉讼主体的合法权利。

在"辩论主义"为主导的私法主体之间运用自行收集的证据相互对抗以推动民事诉讼进程的审理程序中，降低申请人民法院调查取证许可标准的实质，是对人民法院在"职权探知主义"的影响下，更加主动地调查收集证据的愿景。

根据 2017 年修正的《中华人民共和国民事诉讼法》第六十四条规定：

"……当事人及其诉讼代理人因客观原因不能自行收集的证据，或者人民法院认为审理案件需要的证据，人民法院应当调查收集。"

职权探知主义的含义，是人民法院为了查明案件待证事实，可依职权主动调查收集证据，无需得到诉讼当事人的同意。在生态环境损害赔偿诉讼中，一方当事人不仅仅是囿于客观原因不能自行收集证据，而是对案件待证事实的关键性证据根本不知晓，不懂得如何运用专业技术手段形成证据，以及对环境案件的很多证据能够对待证事实的证立有决定性作用的现实情况，达不到针对生态环境特别程序所应当具备的认知高度。这就需要法官在生态环境损害赔偿程序中，擅于在职权探知主义的指引下，对专业技术领域的证据积极地进行调查收集，同时，法律规范也明确了职权探知主义的边界。

根据 2020 年修正的《最高人民法院关于适用中华人民共和国民事诉讼法的解释》第九十六条规定：

"民事诉讼法第六十四条第二款规定的人民法院认为审理案件需要的证据包括：

（一）涉及可能损害国家利益、社会公共利益的；

（二）涉及身份关系的；

（三）涉及民事诉讼法第五十五条规定诉讼的；

（四）当事人有恶意串通损害他人合法权益可能的；

（五）涉及依职权追加当事人、中止诉讼、终结诉讼、回避等程序性事项的。

除前款规定外，人民法院调查收集证据，应当依照当事人的申请进行。"

由此可见，辩论主义适用于民事私益救济，而职权探知主义适用于民事公益或者具有社会公益性质的救济程序。生态环境损害救济始终具有社会公益的性质，即使在个案中所体现出来的环境损害事实也可能对生态环境社会公益产生影响，所以，生态环境损害救济程序中的证明制度当然地适用职权探知主义，契合了其本质追求，符合现代法治原则。

第三节　证明责任分配原则及范围的合理化

法律的博弈分析就是将非市场行为的法律关系主体双方在进行针对相对人的各种活动时如何思考并选择自己的行为方式的思维方式。豪尔绍尼在他1994年获得诺贝尔经济学奖的获奖辞中是这样定义博弈论（Game Theory）的："博弈论是关于策略相互作用的理论，就是说，它是关于社会形势中理性行为的理论，其中每个局中人对自己行动的选择必须以他对其他局中人将如何反应的判断为基础。"博弈论常用于讨论市场交易过程中人与人之间的行为策略，强调互动行为所产生的效益最大化，每一个理性人都希望转嫁，至少是承担更低的成本而取得更大的收益。人与自然环境最初关系是一种不可核实信息状态下的"非合作讨价还价（noncooperative bargaining）"。自然环境是以各种自然灾害的频繁发生来传递人类所不了解的信息，反向寻求人类对其自身利益要求的维护与尊重。人类必将在此基础上考虑自己的行为策略，致力于寻找一个新的纳什均衡，即相对于所有参与者而言的一个最优策略。这种均衡在人类经济活动与环境应激反应不断变化的动态过程中，其实质不再是纯战略纳什均衡，而是混合战略纳什均衡。

1. 环境诉讼证明责任分配原则的博弈分析

对环境侵权证明责任分配原则的博弈分析结果证明了由加害人承担证明责任是最优选择。如果把环境污染和侵权救济看作是一个完整的市场，受害者和加害者就是参与市场行为的主体，双方之间必将进行着利益上的博弈。加害者由于熟悉自己排污设备的存在状况以及对国家政策法规的及时了解，事实上居于一个非常有利的位置，并通过自己掌握的大量信息努力消除赔偿的可能性。在这个信息不对称的市场，作为受害者获取信息的最直接方式就是对相关环境法规政策的掌握，以此明确自己的权利，预测诉讼的风险，进而追求个人利益的最大化，而最后这一点也许正是受害者与加害人双方唯一共同的关注点。下文将通过经济分析的方法阐述为什么加重加害人的证明责任是控制环境污染、维护社会公益和个人私益、促进国家环境工作有效开展的根本原因。

　　环境污染的受害者参加诉讼的成本，除了诉讼本身的费用，还包括收集证据的费用，以及主张不能时需要承担的败诉风险，这一复合成本决定了受害者提起诉讼的意愿和积极性，也就是说，诉讼成本越高，其提起诉讼的积极性越低，如果用函数图表示，X轴代表受害者提起诉讼的积极性，Y轴代表其所要付出和可能付出的诉讼成本。那么，它的函数就是一个单调的递减函数。加害人参加诉讼的成本构成的最重要部分是败诉时将要承担的巨额赔偿，赔偿的可能性越大，数额越高，那么，他努力控制排污总量的主观意愿就会更强，以减少可能存在的环境侵权诉讼给其带来的不利益。如果用X轴表示其控制排污量的意愿，用Y轴表示其负担的诉讼成本，那么，它的函数是一个单调递增函数。用下图表示：

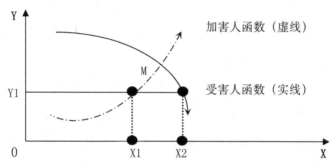

　　从上图可以比较清晰地看出，M是双方都认可的利益均衡点，在这个点上，受害人的诉讼成本等同于加害人的败诉赔偿成本，此时，受害人提起诉讼的积极性体现出一种选择上的理性，而与之对应的是加害人将有合理的控制排污总量的内心诉求并将这种成本确定在一个合适的范围内。但这仅仅存在理论上的可能性，在实践中不具备存在的必然性，更可能的结果是在M点与X轴之间的区域内取值。于是，在这个区域的Y轴上取值Y1，表明在Y1处，受害人与加害人的诉讼成本相同，此时，两者的函数落在X轴上的投影，X1为加害人函数曲线的投影值，X2为受害人函数曲线的投影值。无疑，X2 > X1的判断成立，意味着，当诉讼成本相等时，加害人控制污染的意愿明显小于受害人提起诉讼的意愿。这种结果与我国现行的环境政策和环境治理理念不相吻合，环境污染的特质使其一经发生就不可能恢复到原有的环境状态，所以，环境救济实质上是一种事后的救济，而不是预防性救济，这种自然属性是任何一部法律所改变不了的。所以，我们在探讨环境保护的时候是不会把这种亡羊补牢似的措施作为终极手段加以实施，而应当力求从环境污染的根源进行治理，追本溯源的目的是提高和规制排污者合理排污的自我意愿，不是将一次次的行政处罚或者民事赔偿作为排污者非控制性排污的心灵慰藉和"卑鄙者的通行证"。于是，证明责任的分配将成为一个重要的变量，其重要意义就在于直接调整了双方当事人所负担的现实和将来的诉讼成本，必然影响到双方意愿上的取舍判断结果。将其落实为具体的数据可能更直观地说明问题。假设双方当事人的基本诉讼成本都是 5，有关证明因果关系的证据成本为 4，加害人败诉的成本为 12，控制污染的成本为 8，受害人承担因果关系的证明责任，因为排污所取得的利润假定为行政处罚所抵消，所以暂不考虑：

加害人

		不控制排污	有效控制排污
受害人	诉讼	3，−12	−9，−8
	不诉讼	−12，0	0，−8

受害人在加害人不控制排污的情况下提起诉讼，其诉讼成本为 5+4=9，加害人败诉的话将赔偿 −12，所以受害人最终收益是 12−9=3。如果此时，受害人不提起诉讼，那么他只能自己承受 −12 的环境污染给其带来的损害，加害人则毫发无损，不承担任何不利益。在加害人有效地控制污染的情况下，受害人提出诉讼的成本为 −9，但同时因为加害人付出了 −8 的污染控制成本，使其免遭败诉时 −12 的赔偿风险，受害人付出的诉讼成本没有回报。如果受害人不提起诉讼，则其收益为 0，而加害人依然承担 −8 的污染控制成本。通过以上分析，我们可以准确地判断，作为受害人一定会有更积极的意愿减轻自己的诉讼成本，实现收益最大化，其中只有证明责任分配是法律规定的，可以合理安排的。而作为加害人，为了避免败诉的不利益，也更有意愿去控制污染排放量，实现损失的最小化。就诉讼成本而言，法律对证明责任的最初分配直接决定了双方当事人对于诉讼的态度，有利于缓和社会矛盾，适当地增加加害人的证明责任，

不但可以缩小与受害人之间的现实差距，而且会促使双方都审慎地考虑如何进行这场博弈，更精确地计算个人收益，既不给破坏环境的行为提供借口，也不给滥诉以理由。

2. 环境侵权证明责任分配原则的完善

人们惯常称之为"倒置"的环境侵权证明责任负担并不存在着与之遥相呼应的虚拟的所谓"正置"的环境侵权证明责任负担。这里的"倒置"并不属于环境侵权范畴，而是因为环境侵权行为隶属于特殊侵权领域，特殊侵权行为证明责任一般都是由被主张者承担，而不是通常民事诉讼领域中主张者承担证明责任，此为民事诉讼证明责任一般原则之例外，俗称"倒置"。一个非常不严谨的混淆了两个不同范畴的概念界定导致了理论脉络上的不清晰，也为认知环境侵权证明责任带来了不必要的麻烦。证明责任的概念通说为，诉讼当事人在审判中向法庭提供证据证明其主张的案件待证事实的责任，并在承担不了时，必然要负担败诉的法律责任。德国学者古拉色1883年率先提出并由罗森贝克和莱昂哈德发展和完善，将证明责任划分为不可分割的两个部分，证明责任的行为责任（主观责任）和证明责任的结果责任（客观责任）。前者以当事人的意愿作为是否承担该种责任的原因，在诉讼中因为满足了相应的证明标准而发生向对方当事人的转移，可以在整个诉讼中进行双方当事人之间的多次分配，其只强调举证行为并不强调诉讼后果。后者则不以当事人的意愿为转移，而是依法在诉讼开始时就已经被固定归属于某一方当事人并在案件待证事实真伪不明时必须负担的法定义务，在诉讼中仅仅分配一次并自此不进行转移且不发生改变，承担了结果责任的唯一后果就是败诉。证明责任的结果责任的出现使证明责任具有了最充分的法理学内涵，一百多年来，每当讨论证明责任的场合，实质上都是在明晰结果责任的分配对象。在诉讼实践中，证明责任的分配原则决定了双方当事人谁必须首先提供证据对其主张的待证事实进行能够满足该种类诉讼所需要达到的证明标准的证明，以获得法官对该待证事实的内心确信并转移相应的行为责任。如在刑事诉讼中证据只有满足了高度盖然性的标准才会实现上述效果，在民事诉讼中则只需达到占优势的盖然性即可。而对方当事人在此情况下不承担转移过来的行为责任或者没有证据能力去承担该责任，就要承担败诉的结果，但其之所以承担败诉的结果不是因为承担了证明责任的结果责任，而是因为待证事实被证明了，法官的内心确信已经形成，与证明责任的分配原则无关。即罗森贝克所说的，"如果当事人的主张没有争议，或者如果法院对有争议的主张的真实与否获得了一个特定的心证，不管该心证是调查证据的结果，还是在没有证据的情况下从审理的全过程中得出的，都不会出现证明责任的问题，在这样的情况下，如果法院对证明责任的分配做出了错误的裁决是没有什么不利的，对这个——于判决的内容无足轻重——裁决提出上告，不可能导致撤销裁决的后果。"只有在待证事实真伪不明的情况下，结果责任才会发生作用，由承担证明责任的一方当事人承担败诉的后果。其内在的运行机理在于，在真理的相对性面前，为追求案件的客观真实而无限耗用的时间将成为当事人难以负担的诉累，仅就当事人而言，就已经偏离了当初进行诉讼的意愿，而且为此而消耗的人力物力都将使市场资源的配置处于一个极低的效率状态。最早的民事诉讼证明责任分配原则可追溯到古罗马时代，那时存在两条基本原则，一是"原告应负举证之义务"，二是"举证义务存在于主张之人，不存在于否认之人"。现代民事诉讼证明责任的分配一般基于以下两点设置，一是举证的难易程度，正如迈克尔·D·b贝勒斯所指出，"提出证明责任应当由提出争执点的当事人承担，但因对方当事人有取得和控制证据的特殊条件而由其举证有失公平的情况除外；说服责任应当由举证的当事人承担"；二是保护弱势群体权利，平衡诉讼中的主体地位。民事诉讼的发起人是原告，原告承担证明责任责无旁贷。而且，从经济学的角度分析，这一原则确定的原因可以归纳为：①可以防止原告滥诉；②司法资源的稀缺性使然。

环境侵权诉讼证明责任分配原则所具有的特殊性。"谁主张谁举证"的民事诉讼基本的证明责任分配原则在特殊侵权的场合就会突显其不合理性。"按照一般的标准分配举证责任的结果与公平正义的价值准则发生严重抵触，应对一般的标准进行修正。"环境诉讼的特殊性众所周知，作为一种特殊形态的侵权行为，受害者一般居于弱势地位，对包括但不限于污染装置的运行情况、病理学最新研究状况、潜在危害的发生预测等的证明能力非常低下，甚至近乎于无。由其承担证明责任则存在着显而易见的不公平，需要将其作为民事诉讼证明责任分配原则的例外，加重被告的证明责任，减轻原告的诉讼压力，均衡双方当事人的诉讼成本。于是，《最高人民法院关于适用＜中华人民共和国民事诉讼法＞若干问题的意见》第74条明确规定："在因环境污染引起的损害赔偿诉讼中，对原告提出的侵权事实，被告否认的，由被告负责举证。"同时，《最高人民法院关于民事诉讼证据的若干规定》（以下简称"证据规定"）第4条第1款第3项规定，"因环境污染引起的损害赔偿诉讼，由加害人就法律规定的免责事由及其行为与损害结果之间不存在因果关系承担举证责任……"以上规定都被视为环境诉讼中施行举证责任倒置的立法例。解答环境诉讼证明责任分配是否存在"正置"的问题，首先要从整个民事侵权诉讼的角度考察最初的分配状况。一般而言，在最基本的过错责任层面，民事诉讼证明责任分配是对原告要求其承担证明行为违法性（可非难性）、损害结果发生、行为人有过错、行为与结果之间存在因果关系的证明责任，这是对"谁主张谁举证"具体内容的最全面描述，也是民事侵权诉讼证明责任分配原则的基本面，具有正向的指导作用。那么，由被告承担以上四个要件中的任何一个的证明责任，则都属于"例外"的范畴，这种发生在直接对立的双方当事人之间的单方向一次性的证明责任的转移和固定，从表现形态来看，如果原告承担证明责任表现出来的是一种正置的原则，那么被告承担证明责任则体现了一种倒置所代表的例外。这种无论在法理上还是逻辑上并不算是十分严谨的倒置的说法，内涵是相对于原告而言的，似乎与一种模糊的感性认知——民事诉讼中的事实主张者都是原告的习惯性错误有关。将原告与被告之间的利益对立直接嫁接到原则和例外之间并不存在的对立，进而将一般侵权行为和特殊侵权行为也人为地对立起来，不但是毫无意义的，也极其容易造成理解上的混乱。原告承担证明构成要件的证明责任是一般侵权之诉的基本原则，而被告承担证明某些构成要件的证明责任也完全可以认为是特殊侵权之诉的基本原则。古罗马法的那两条被反复提及的证明责任分配学说，虽然一个是错误的，一个是无意义的，但它们依然影响了一些理论的构建，正置与倒置的提法不能说没有它们的影子。环境诉讼作为特殊侵权行为的一种，被告必然被法律指令承担证明某些构成要件的义务，这是无须讨论的。如果一定要找出环境侵权诉讼证明责任倒置的理论前提，那么，它的实质是针对整个民事诉讼证明责任分配原则而言的，它因为归属于特殊侵权行为，即诸多例外中的一种，而拥有了"倒置"的地位，其本身并不存在着专属于环境侵权诉讼性质的"正置"。

第四节 侵害行为人诉讼证明责任范围的扩大

1. 环境侵权权利主体诉讼证明责任范围辨析

首先，强调"违法性"归责原则加重了环境侵权救济权利人的证明责任负担。讨论"违法性"这一侵权实体法归责原则的目的不在于实体构成要件本身，而是归责原则的设定直接影响了诉讼中证明责任分配的结果。"违法性"在传统侵权理论中实质要件的地位坚不可撼，无论是一般侵权行为还是特殊侵权行为，行为的违法性始终是确认侵权行为性质的第一构成要件。民法通则第124条对环境污染的民事责任进行了专门的规定，"违反国家保护环境防止污染的规定，污染环境造成他人损害的，应当依法承担民事责任。"正因为有了这一认定民事责任的前提，佟柔、李由义等学者明确了学理解释，"污染环境造成损害承担民事责任要以违反国家保护环境防止污染的规定为前提条件，也就是说，只有进行生产活动所排放的污染物违反国家规定的排放标准，才承担责任。"甚至影响到在民事公益诉讼中，有的学者坚持"起诉应当以被诉行为违法为条件"，并阐述了不依此将会产生滥诉的担忧以及对污染制造者不公平的理由。但"违法性"是否能够作为环境责任这一新型法律责任承担的法定前提，在环境保护的司法实践中是一个值得商榷的问题。理由如下，一是废水废物废渣以及其他工业污染的排放控制在国家允许的标准范围内就可以避免环境污染，这是一个典型的伪命题。即在国家排放标准范围内进行排放可以造成环境污染并给不特定的社会公众造成损害，超出了国家允许排放标准进行排放同样会引起损害的发生。这样的实例在实践中比比皆是。如工厂即使在国家允许排放的标准范围内进行定量排放，但这种排放无论多少，本身就是对环境的污染，区别仅仅在于污染程度的大小，而不是造成了污染或者没有造成污染的差别。有污染就会有损害，只是损害针对的人群是否被污染行为所特定。我国的工业布局根源于旧的发展模式，在建设伊始并没有如同如今这样的环境污染评测制度，没有统筹规划。于是，居民区与工业区交错混杂，即使区域之间有一定的空间距离，但是通过大气、水流同样可以将一个地区的污染带到其他地区产生相应的环境变化。长江中下游城市的酸雨就是长江三角洲地区严重工业污染的负外部性的区域效应。现今，我们讨论环境问题的时候，已经非常明确环境污染问题不是一个地区一个国家的内部事务，而是全球化的难题，国家主权行使范围是有界的，环境污染则是无国界的。无论环境公益诉讼提起的原因还是环境污染侵权诉讼的被诉行为都是以客观上存在的环境污染结果为依据，而不是污染者主观上是否存在违反国家法律规定排放标准的直接故意。合法的排污并不能否定污染存在的合理性。二是强调污染者承担责任须以"违法性"为前提，增加了公益权利主张者和受害者的证明责任。主张者仅仅证明环境污染对社会公益的现实影响以及受害者仅仅证明自己遭受的损害还远远不足以完成自己所负担的证明责任，还要举证证明污染者的排污行为已经超出了国家规定的排污标准。我们根本无法想象，这些权利人如何能够深入到排污现场或者排污企业去完成实际排污量的测量，以便比照国家允许的标准来制作相应的证据。也就是说，这种证据在客观上不具备由权利人自行收集的条件，显然属于举证不能。如果此时申请人民法院依职权调查取证，那么，人民法院对企业的排污行为进行测量是否超越了司法权的范围，而侵入了环境保护机关行政管理的职权范围？如果人民法院要求环境保护机关对此进行司法协助，那么，行政机关存在相应的法定义务吗？即使是司法建议能绝对地动用行政权力吗？如果当事人只能申请环境保护机关对排污企业进行查处，希望以行政处罚的内容来形成该份证据，如果当事人不服，提起行政诉讼，此环境民事诉讼是否还要等待行政诉讼的判决结果？上述在司法实践中存在的调取和固定证据的问题不是对现存法律规定的责难，而是现行法律规定对当事人，尤其是环境公益权利主张者和受害者的责难。没有上述证据则污染者的排污行为是否属于侵权行为都无从谈起，更遑论损害赔偿的实际问题了。三是摒弃"违法性"的前提并不会导致滥诉。有些学者总是将滥诉之害挂在嘴边，认为我国如此有限的司法资源面对滥诉的侵袭将随时可能导致崩盘式的耗竭。可是，这些年来，没有哪个类型的案件或者哪类部门法的实施导致了滥诉大规模的爆发。波斯纳法官创制的那个著名的公式：

$$(Pp \text{ 原告估计的胜诉概率} - Pd \text{ 被告估计的胜诉概率}) \times J \text{ 胜诉利益}$$
$$> 2 \text{ (C 原告和解成本—S 被告和解成本)}$$

公式的基本含义是，原告总是在认为自己有一定胜诉把握的时候才执意进行诉讼，"只有双方当事人都对诉讼抱有乐观态度时，诉讼才可能发生。"实践中，原告面对的首先就是诉讼费用，虽然有的公益诉讼仅有象征意义上的诉求数额，但在诉讼中的各种鉴定费，证人出庭的费用还是要由主张者预先负担，数额同样不可小觑。任何一个有理性的人都不会在自己负担沉重经济压力的可能性极大的情况下去滥诉。而且，防止滥诉的方法也有很多，比如可以从严把握申请减交、缓交和免交诉讼费用的标准，为那些强调象征意义的环境公益诉讼设定一个最低的案件受理费标准，等等。我们必须杜绝滥诉，但我们呼唤环境保护公力救济领域的"健诉"（社会公众习惯于将争议提交诉讼解决的一种风气）。

其次，我国环境诉讼证明责任分配原则是建立在推定过错责任基础上。有的学者认可我国环境侵权无过错责任的归责原则，"我国民法通则第124条规定……由此可见，我国对环境污染的民事责任立法采用了当代多数国家都已实行的无过错责任原则。"但恰恰是民法通则的这一条文表述，说明了我国环境侵权领域的归责原则不是无过错责任。这一条款明确了，"违反国家保护环境防止污染的规定……"违法性不能作为无过错责任的构成要件，这是无过错责任本质所决定的，它适用的场合并不要求行为人主观上有过错，无论故意还是过失。"无过失责任实际上是对侵权责任的教育、制裁等职能的否定，因为不具有侵权责任的本来含义。"无过错责任与传统侵权行为最大的区别就是，它不具有可非难性，不存在对社会公序良俗的破坏。以上存在的这些典型的问题和争议如果不能有效解决和消除，必然会对整个环境诉讼程序的顺利进行造成不利的影响，甚至可能会使当事人的救济落空。如果说我国民法通则第124条以违法性作为环境侵权责任承担的前提而直接否定了无过错责任原则在我国环境侵权领域存在的法理基础，那么最高人民法院的"若干规定"第4条第1款第3项的规定内容更进一步明确了我国环境侵权归责原则就是推定过错责任。推定过错责任存在的原理是，在特殊侵权行为的场合，根据危险领域学说，被诉的行为人在法律上负有更高的注意义务，同时，作为权利人的现实地位和能力较低，无法对传统侵权行为的全部构成要件提供证据进行完全的证明，此时，依据公平原则，法律要求行为人在诉讼中承担诸如、未侵权、无因果关系以及已经尽到注意义务等排除性事实的证明责任，并且在其承担不了时，直接作出法律上的推定，认定其侵权事实的成立并承担相应的赔偿责任。推定过错责任是对传统的过错责任的修正，在权利保护的人类理念上镌刻着社会进步的烙印。但在环境侵权行为中，推定过错责任远远不能满足社会对于环境侵权救济的诉求，无过错责任在环境立法中的确立已经成为学界的共识。无过错责任的出现将会在诉讼中重新对双方当事人的证明责任进行分配，在此种情况下，受害人仅对损害事实承担证明责任，大大减轻了其证明责任的范围，有力地保证了环境权利的救济实现，使得环境侵权救济途径更为顺畅。与此相对，在只能通过承担了不可抗力或者受害人有过错的证明责任才可能免责的最大局限性情况下，加害人将会有更为强烈的内心意愿约束自己的排污行为，付出更多的控制排污成本，环境保护工作的效率实现最大化，实现环境保护工作追求的目标。

最后，确立推定的因果关系为判断标准，降低环境侵权权利人的证明难度。环境诉讼诉权的提起条件中"利害关系"的判断标准应当由事实的因果关系修正为推定的因果关系。上文已经论述了环境侵权行为不适用传统的"若无，则不"的因果关系判定准则，环境侵权行为与损害结果之间存在着损害的不确定性、结果的非连续性等特征，使得在司法实践中很难认定直接的因果关系。损害的不确定性是指，环境侵权行为产生以及影响的范围涵盖了权利人的生存条件，但作为不特定多数的权利人个人并非每个人都肯定地遭受了损害，如工厂排放的废气导致下风口的村庄患癌症的村民人数比例远远高于其他地区，但同样在该村生活的其他村民经过严格检查却没有发现身体的异常状况。结果的非连续性是指，损害的结果往往距离侵权行为的发生相隔了一段时间，这是由污染物自身所具有的潜伏性和累积性决定的，这种情况下，无论是从逻辑上认定这一因果关系存在还是在证据的收集和认证上都存在着显而易见的困窘，如全流域的水体苯排放物污染，造成重金属元素在河道中沉积，食用江水喂养的鱼以及汲水饮用都会使重金属元素在人体内存积，但需要积累到一定量的时候才能因为症状明显而发现身体的损害，甚至会在孕妇体内存在而影响了胎儿的健康，严重的会出现新生儿脑瘫的情况。有鉴于此，许多国家在环境诉讼程序立法上采用了推定的因果关系原则。如日本《关于危害人体健康公害犯罪处罚法》第5条规定："如果某人在工商企业的经营活动中，已排放有可能危害人体健康的物质，且其单独排放量已达到了足以危害公众健康的程度，而公众的健康在排污后已经受到或正在受到危害，则可推定，这种危害是由排污者引起的。"日本四大公害案件，新潟水俣病、富山骨痛病、四日市哮喘病和熊本水俣病的审理结果充分地遵循了这一原则。推敲我国现有诉讼法中关于起诉的实质要件，一般都明确规定，"原告是与本案有利害关系的……"其中的"利害关系"就是强调了原告主张的事实与原告作为事实的参与者本身的内在逻辑联系，这一关系在事实的构成上，是将其所主张的事实作为原告之所以能成就原告资格这一结果的直接原因，在法律的适用上，则是作为原因的法律事实导致了法律关系的产生、变更、消灭并产生相应的法律上的权利和义务。无论从事实的认定上还是法律性质的界定上，司法工作人员在审查诉权的内容时都无一例外也是别无选择地运用因果关系进行思维推理和判定。虽然许多学者并不赞同也不认同在起诉时，立案庭的司法工作人员僭越审理案件法官的职权对起诉条件进行更加实质性的审查，但是这一流弊在"立案工作要保证更低的错案率"的严格考核标准下普遍存在于地方各级法院的立案庭。环境侵权中的因果关系本来就很复杂并与传统的思维方式有着较大区别，这种思维方式的转换不仅仅要深植于审理法官的灵魂深处，而且在司法实践中尚存起诉条件遵循实质审查还是形式审查的喋喋不休的争论之时，直接将推定的因果关系思维贯彻到立案庭的司法工作人员的具体环境诉讼立案工作中，才能更大程度地保证权利人不会被拒之于"法律之门"以外。诚然，推定的因果关系不一定比事实的因果关系更具有先进性，最起码在现有的商业案例中没有相应的印证，但是在环境保护这一特殊的领域中，推定的因果关系的确更为适用，不但解决了在起诉实质要件上诉权有效行使的问题，避免了程序性阻却，重新界定了"利害关系"的内在逻辑构成，而且在诉讼程序的公正原则上，倾向于保护在环境污染行为中基本处于弱势地位的受害者，惩治事实上居于强势地位的污染者，在诉讼中平衡双方当事人之间不对称的地位，并且在对环境侵权待证事实的认定上更加明确地体现了环境法的指导思想，切实保障我们的环境资源，拒绝将传统的因果关系理论作为污染者不履行法定义务的法律借口。我国诉讼法没有对推定因果关系原则的规定，在制定不同层次环境实体法律规范时应当作为基本原则予以确认。

2. 证明责任的阈值划定

环境侵权诉讼权利人对因果关系仅承担"表见证明"程度内的证明责任。环境侵权诉讼权利人（原告）不应对存在因果关系的事实承担证明责任，对此仅仅是提供"表见证明"。对最高人民法院的"若干规定"第4条第1款第3项的误读不仅存在于学界，而且在司法实践中，法官形成内心确信的过程中都有着更为具体的表现。问题的症结在于，司法解释明确规定的由加害人承担环境侵权损害行为与结果之间不存在因果关系的证明责任，是否意味着受害人同时承担了证明因果关系存在的证明责任，如果不承担这一证明责任，受害人的证明责任范围是什么，是否对因果关系的存在需要加以证明。首先，必须明确的一个问题就是证明责任在诉讼双方当事人之间的分配只能以法律的明确规定为依据，这一特征也同时限制了法官形成内心确信的恣意和偏见。司法解释要求加害人承担不存在因果关系的证明责任，无论从法的既定性，还是严格的逻辑思维都不能得出加害人需要对因果关系的存在承担证明责任。其次，受害人只需要对行为违法性（在现阶段我国法律认可推定过错的归责原则情况下，这一点是需要受害人证明的），损害事实承担证明责任，加害人对不存在因果关系承担证明责任，双当事人的上述负担构成了完全的环境侵权证明责任分配体系，换句话说，就是对环境侵权的所有相关待证事实的证明责任已经全部分配完毕。此时，如果硬要加入受害人对因果关系的证明责任，必然破坏了这种分配的合理性。举个最现实的例子来说明它存在的荒谬性，一旦在环境侵权诉讼中，作为原告的受害人无法证明因果关系存在，同时，作为被告的加害人也无法证明不存在因果关系，那么，一个荒诞的结果产生了，原被告都将因为没有承担自己应当承担的证明责任而败诉，这显然是不可能的，而且也与证明责任的结果责任确定承担者一方（仅仅是双方当事人中的一方）败诉的基本理论相悖。最后，受害人如果对因果关系的存在没有任何证据证明的话，不但与现实中的惯常性思维不符，而且也无法使法官对待证事实形成内心确信，甚至连被告是否适格，也就是被告是否真的是侵权行为中的加害人都将成为悬疑。但对因果关系存在的证明不应当是证明责任分配的证明，而仅仅是表见证明。表见证明是指法官根据经验法则（在环境侵权诉讼证明中应当以病理学规律为主）而形成的对事实盖然性的内心确信，其证明标准一般低于该事实所属的那一类诉讼的证明标准。证明责任的承担者提出表见证明的，如果法官确信，对方当事人只需以反证而不是一个相反事实的证立即可推翻该表见证明。不承担证明责任的当事人提出表见证明的，对方当事人要阻止法官形成内心确信，则必须对一个相反事实证立而不是仅仅提出反证。从表见证明的含义中，我们可以清晰地得出其适用于环境侵权诉讼的结论。具体地说，受害人对因果关系的存在提供表见证明，加害人为了阻止法官形成确信，只能证明不存在因果关系的事实成立，在提供了符合"我们认为事实存在的可能性大于不存在的可能性，举证成功，但如果存在与不存在的可能性相等，则举证失败"程度的证据后，才算是履行了证明责任。这符合最一般的理性规律。表见证明的存在解决了环境侵权诉讼中原告需要对因果关系进行什么程度的证明的纠结，同时也是对最高人民法院"若干规定"的正确适用，这归功于表见证明的本质——"表见证明是证明评价的组成部分。它既不触及证明责任也不是纯粹实体法上的制度……用表见证明看待某个法律要件时，由于其他的原因证明尺度改变了，那么表见证明同样可以形成法官的心证，无需达到原则性证明尺度的要求。在因果关系证明方面尤其如此"。环境侵权行为和损害结果之间的因果关系有赖于病理学规律的发展和研究，使其在很多案件中只存在着相对的、推定的因果关系，而不是绝对的、必然的因果关系，证明责任在进行分配时必须对这一现象给予充分的注意，并作出相应的配置，反映在法官的心证中也不拘泥于必须达到占优势的盖然性证明标准。因为，受害人对因果关系存在的表见证明并非是源于承担了这个事实的证明责任，而是针对诉讼过程中加害人证立了不存在因果关系这一事实时的预先防御。在将来的证据法制定或者环境诉讼特别程序法设立中应当将加害人和受害人的证明责任范围细化，这不但防止了对法内容的争议和误读，也从一定程度上解决了基层法院法官对法律法规更具有实际操作性的普遍要求问题。

参考文献

[1] 金瑞林, 汪劲, 王灿发 . 环境与资源保护法学 . 北京: 高等教育出版社, 1999.

[2] 哈耶克 . 法律、立法与自由 (第一卷) . 北京: 中国大百科全书出版社, 2000.

[3] 贝克尔, 王业宇 . 人类行为的经济分析 . 陈琪, 译 . 上海: 上海三联书店, 上海人民出版社, 2004.

[4] 曼昆 . 经济学原理上册 . 3 版 . 梁小民, 译 . 北京: 机械工业出版社, 2003.

[5] 吕忠梅 . 沟通与协调之途——论公民环境权的民法保护 . 北京: 中国人民大学出版社, 2005.

[6] 别涛 . 环境公益诉讼 . 北京: 法律出版社, 2007.

[7] 王明远 . 环境侵权救济法律制度 . 北京: 中国法制出版社, 2001.

[8] 福克斯 . 侵权行为法 . 北京: 法律出版社, 2006.

[9] 张乐平 . 转换的逻辑——民事诉讼体制转型分析 . 北京: 法律出版社, 2007.

[10] 彼得·斯坦, 约翰·香德 . 西方社会的法律价值 . 北京: 中国法制出版社, 2004.

[11] 萨缪尔森, 诺德豪斯 . 经济学 (下册) . 高鸿业, 等, 译 . 北京: 中国发展出版社, 1992.

[12] 黄涛 . 博弈论教程——理论·应用 . 北京: 首都经济贸易大学出版社, 2004.

[13] 拜尔, 格特纳, 皮克 . 法律的博弈分析 . 严旭阳, 译 . 北京: 法律出版社, 1999.

[14] 袁正校, 熊明辉, 苏尚. 逻辑学基础教程. 北京: 高等教育出版社, 2007.

[15] 基斯. 国际环境法. 张若思, 译. 北京: 法律出版社, 2000.

[16] 吕忠梅, 徐祥民. 环境资源法论丛 (第3卷). 北京: 法律出版社, 2003.

[17] 屠振宇. 未列举基本权利的宪法保护. 中外法学, 2007 (1): 42.

[18] 周训芳. 欧洲发达国家公民环境权的发展趋势. 比较法研究, 2004 (5): 95.

[19] 张千帆. 论宪法效力的界定及其对私法的影响. 比较法研究, 2004 (2): 14.

[20] 刘志刚. 宪法"私法"适用的法理分析. 法学研究, 2004 (2): 44.

[21] 波斯纳. 正义／司法的经济学. 苏力, 译. 北京: 中国政法大学出版社, 2002.

[22] 孔德. 论实证精神. 黄建华, 译. 北京: 商务印书馆, 1996.

[23] 贝卡利亚. 论犯罪与刑罚. 黄风, 译. 北京: 中国大百科全书出版社, 1993.

[24] 何柏生. 理性的数学化与法律的理性化. 中外法学, 2005 (4): 454.

[25] 马洛伊. 法律和市场经济——法律经济学价值的重新诠释. 北京: 法律出版社, 2006.

[26] 弗里德曼. 经济学语境下的法律规则. 北京: 法律出版社, 2006.

[27] 博西格诺. 法律之门. 8版. 邓子滨, 译. 北京: 华夏出版社, 2007.

[28] 林莉红. 公益诉讼与公益法的实践、制度和价值. 法学研究, 2006 (6): 148.

[29] 彭梵得. 罗马法教科书. 黄风, 译. 北京: 中国政法大学出版社, 1992.

[30] 王建华. 民事诉讼证据实证分析. 北京: 法律出版社, 2006.

[31] 汪劲. 从环境基本法的立法特征论我国《环境保护法》的修改定位. 中外法学, 2004 (4): 472.

[32] 梁慧星. 民法总论. 北京: 法律出版社, 1997.

[33] 谷口安平. 程序的正义与诉讼. 北京: 中国政法大学出版社, 1996.

[34] 钱弘道. 经济分析法学. 北京: 法律出版社, 2005.

[35] 王泽鉴. 侵权行为法·基本理论·一般侵权行为. 北京: 中国政法大学出版社, 1998.

[36] 孙斯坦. 自由市场与社会正义. 金朝武, 胡爱平, 乔聪启, 译. 北京: 中国政法大学出版社, 2002.

[37] 亚里士多德 . 政治学 . 吴寿彭，译 . 北京：商务印书馆，1983 .

[38] 威特曼 . 法律经济学文献精选 . 苏力，等，译 . 北京：法律出版社，2006 .

[39] 弗里德曼 . 世界是平的 . 何帆，肖莹莹，郝正非，译 . 长沙：湖南科学技术
出版社，2007 .

[40] 苏力 . 法治及其本土资源 . 北京：中国政法大学出版社，2004 .

[41] 大须贺明 . 生存权论 . 林浩，译 . 北京：法律出版社，2001 .

[42] 罗森贝克 . 证明责任论——以德国民法典和民事诉讼法典为基础撰写 . 4 版 . 庄
敬华，译 . 北京：中国法制出版社，2002 .

[43] 何家弘，刘品新 . 证据法学 . 北京：法律出版社，2004 .

[44] 江伟 . 民事诉讼法学原理 . 北京：中国人民大学出版社，1999 .

[45] 斯特龙 . 麦考密克论证据 . 汤维建，等，译 . 北京：中国政法大学出版社，
2004 .

[46] 张新宝 . 中国侵权行为法 . 北京：中国社会科学出版社，1998 .

[47] 马俊驹，余延满 . 民法原论 . 北京：法律出版社，1998 .

[48] 魏振瀛 . 民法 . 北京：北京大学出版社，高等教育出版社 ，2000 .

[49] 郑立，王作堂 . 民法学 . 北京：北京大学出版社，1995 .

[50] 波斯纳 . 法律的经济分析（下）. 蒋兆康，译 . 北京：中国大百科全书出版社，
1997 .

[51] 邓建鹏 . 健讼与贱讼：两宋以降民事诉讼中的矛盾 . 中外法学，2003（6）：723 .

[52] 王家福 . 民法债权 . 北京：法律出版社，1991 .

[53] 王利明 . 侵权行为法归责原则研究 . 北京：中国政法大学出版社，1996 .

[54] 杨良宜，杨大明 . 国际商务游戏规则：英美证据法 . 北京：法律出版社，2002 .

[55] 普维庭 . 现代证明责任问题 . 吴越，译 . 北京：法律出版社，2006 .

[56] 王曦 . 国际环境法与比较环境法评论（第 1 卷）. 北京：法律出版社，2002 .